먼저 기도하라

The Great Sayings of George Muller
by George Muller
ⓒ 유재덕, 2016

일러두기
1. 이 책에 사용된 성경은 개역개정판 성경입니다.
2. 특별한 경우 이외에는 영어식 표기를 생략했습니다.

THE GREAT SAYINGS OF
GEORGE MULLER

조지 뮬러의 5가지 기도 원리

먼저 기도하라

CHRISTIANITY

샘솟는 기쁨

George Muller Proverbs

프롤로그

단순하고 소박한 삶
진정한 기도의 사람

조지 뮬러는 진정한 기도의 사람이다. 그는 어떤 경우에도 실망하지 않았으며, 기도가 응답될 때까지 하나님께 간구했다. 그는 5만 번 이상 응답을 받았다.

뮬러는 가정을 잃은 어린이들의 보호자였으며, 회심 이후 73년 2개월을 주님과 동행하면서 5개의 고아원을 설립하고 1만 명 이상을 보살폈다. 그리고 뮬러는 복음의 사람이자, 충실한 청지기였다. 2백 명 이상의 선교사를 후원하고, 42개국을 직접 방문하여 3백만 명이 넘는 사람들에게 복음의 메시지를 전했다.

뿐만 아니라 후원자들이 보낸 5천만 달러 이상의 후원금을 고아원의 운영, 성경 보급과 교육, 선교 지원비에 충당하였으며, 개인적으로 전혀 사용하지 않아서 세상을 떠날 때 누구보다 가난했다.

이처럼 뮬러는 단순하고 소박한 삶을 살았다. 하나님의 강력한 도움의 손길을 직접 입증한 조지 뮬러의 사역은 그리스도인에게 절대적으로 필요한 믿음의 교과서, 믿음의 나침반이 되어 주었다. 많은 이들이 뮬러에게 평범하지 않은 교훈, 하나님을 움직이는 기도의 힘, 어떤 어려움도 극복해내는 탁월한 지도력, 복음에 대한 열정을 닮고자 하는 것도 바로 그 때문이다.

『조지 뮬러의 기도』를 우리 말로 옮기면서, 하나님만 전적으로 의지함으로써 놀라운 일을 수없이 경험한 내용에 감동과 도전을 받았으며, 거듭 읽게 되었다. 그러다가 우리의 삶에 실천해야 할 기도 원리를 간추리고, 지금까지 미처 소개되지 못한 글들을 포함하여 주제별로 간추려서 이 책 『먼저 기도하라』를 출간하게 되었다. 이런 작업은 뮬러의 공식 전기를 집필한 아서 피어슨(Arthur Pierson)이 시도한 바 있다.

이미 뮬러에 관해서 친숙한 이들은 물론, 처음 접하는 이들 역시 이 책을 통해 그의 삶과 신앙, 다양한 사역을 성공적으로 감당할 수 있었던 영적 비밀과 기도에 대한 열정, 하나님의 뜻에 대한 강력한 확신을 확인할 수 있다.

책의 말미에는 조지 뮬러의 진면목을 확인할 수 있는 두 편의 글이 있다. 한 편은, 1897년 찰스 파슨즈(Charles Parsons) 목사가 뮬러와 인터뷰한 것으로, 애초에 보도 목적으로 일정한 거리를 두고 인터뷰를 진행하다가 차츰 뮬러의 인격과 삶에 큰 감동을 받는 과정이 생생하게 드러나 있다.

또 한 편은, 2004년 미국에서 가장 영향력 있는 설교자로 평가되는 존 파이퍼(John Piper) 목사가 베들레헴 교회에서 개최된 목회자 컨퍼런스에서 발표한 뮬러의 삶과 사역을 다룬 글이다. 설득력 있는 설교자이자 작가로 널리 알려진 그답게 뮬러의 삶과 사상을 진정성있게 묘사했다.

국내 최초로 소개하는 이 두 편의 글은 조지 뮬러의 삶과 사역, 믿음을 이해하는 데 도움이 될 것이다. 모쪼록 조지 뮬러의 위대한 잠언을 접하는 이들마다 그의 기도와 그리스도인의 삶을 익히고, 또 누리기를 기대한다.

옮긴이 유재덕

Contents

프롤로그 단순하고 소박한 삶, 진정한 기도의 사람 • 5

Part 1 기도가 전부이다 • 13

다섯 가지 기도 원리 | 얼마나 기쁜신지 | 비록 회개하지 않더라도 | 거룩한 구별 | 예수를 주로 시인하며 | 흔들림 없는 확신 | 불안을 이겨내는 기도 | 언제나 바른 길로 | 약점을 내어놓아야 | 즐겨 축복하시지만 | 더욱 충만해질 것이다 | 축복을 받을 때까지 | 완전한 응답을 내다보며 | 끝까지 신뢰할 수 있도록 | 기꺼이 공급하는 주님 | 날마다 새롭게 간구하기 | 보편적인 유혹 | 평생 동안을 그렇게 반복하라

Part 2 축복은 끝이 없다 • 51

돕는 손길을 기대한다 | 정말 필요한 순간에 | 세상 것은 곧 지나가지만 | 그 사랑을 기억하고 있기에 | 실용의 약속이 담겨 있다 | 전적으로 의지하는 사람에게 | 늘 한치의 어긋남 없이 | 축복은 실천이다

Part 3 일상에 관한 조언 • 67

일찍 일어나라 | 적당히 휴식하라 | 지나친 수면은 시간 낭비 | 뒤로 미루지 마라 | 아침에 대한 조언 | 지킬 수 있는 약속 | 진정 아름다운 여행 | 그러니 순종하라 | 속마음과는 달리 | 줄곧 예수님과 교제해야 | 마땅히 믿어야 할 순간 | 돌보고 베푸는 영적 돌봄 | 때를 따라서 돕는 주님 | 재물, 나누어 주어야 할 것 | 몸에서 구원 | 빚보증을 서지 말라

Part 4 가정과 양육에 관하여 • 95

기도하고 기대하십시오 | 가만히 계실 수 없도록 | 방치의 불행 | 반드시 열매를 거두리라 | 속한 세대를 섬겨야 | 선택과 인도하심

Part 5 하나님이 일하시는 방식 • 109

하나님 방식의 재정 | 먼저 감사하라 | 사역을 위하여 | 오직 성령에게 영광을 | 복을 부르는 방법 | 소망하라 | 강력하게 역사하심 | 언약을 허락하신 하나님

Part 6 성경, 하나님의 말씀 • 125

말씀이 교사이다 | 진정한 가치, 깨달음 | 사소하거나 중요하거나 | 모든 것을 맡겨야 한다 | 말씀이 이끌어 가는 것처럼 | 어떤 난관이 닥쳐와도 | 사실과 다르다는 것 | 속사람에게 필요한 양식 | 거듭해서 읽을 때마다

Part 7 그리스도인의 삶 • 143

빚지지 않는다 | 십자가와 장미 | 고통은 하나님께 닥친 것 | 물질, 하나님을 위하여 | 시험을 겪을 때 | 강한 믿음을 소유하고 싶다면 | 진실로 의지하고 바라보는지 | 복을 누릴 뿐만 아니라 | 배상을 실천하라 | 은혜의 보상 | 그때 말하도록 | 진리와 소명

Part 8 베푸는 삶은 복되다 • 163

모두 한 가족이니 | 허락하신 약속 | 청지기 | 되돌아 보아라 | 주는 것과 쌓아두는 것 | 더욱 더 깊숙이 | 청지기로서 행동하면 | 체계적으로 헌금하라

Part 9 하나님에 관하여 • 177

승인 | 여전히 붙드심 | 살아계신 하나님 | 부르심 안에 거하라 | 실제로 그렇게 하지 않는다면 | 비록 나약하더라도 | 관점

부록 1 조지 뮬러와의 인터뷰 | 찰스 파슨즈 • 193
부록 2 조지 뮬러의 삶과 사상 | 존 파이퍼 • 211

나를 통해 이 일을 일으키신 하나님,
지금까지 40년 이상 이 일을 지원해주신 하나님이
앞으로도 나를 도우시고,
내가 곤경에 빠지지 않도록 내버려두지 않으실 것이다.
왜냐하면 내가 하나님을 의지하고 있기 때문이다

-조지 뮬러

PART
1

기도가
전부이다

기도하고 나서 일하라…
마침내 놀라운 축복을 누리게 될 것이다

George Muller Proverbs

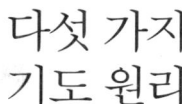

다섯 가지
기도 원리

나는 다섯 가지의 기도 원리를 실천하기 위해서 항상 최선을 다했다. 그 원리를 따를 때마다 흔들림 없이 기도가 응답될 것이라고 확신했다. 그 기도 원리는 다음과 같다.

첫째, 구원을 이루는 게 주님의 뜻이라고 확신하면서 전혀 의심하지 않았다. 모든 사람이 구원을 받아서 진리에 대한 지식에 이르는 것이 그분의 뜻이다(딛전 2:4). 그래서 우리는 이 말씀을 확신할 수 있다.

그의 뜻대로 무엇을 구하면 들으심이라 (요일 5:14)

둘째, 나는 내 이름으로 구원을 호소하지 않았다. 나의 소중한 주 예수님의 복된 이름과 그분의 공적만 전적으로 의지했다.

말씀이 육신이 되어 우리 가운데 거하시매 우리가 그의 영광을 보니 아버지의 독생자의 영광이요 은혜와 진리가 충만하더라 (요 1:14)

셋째, 하나님이 내 기도를 기꺼이 들어주실 것이라고 언제나 확실하게 믿었다.

그러므로 내가 너희에게 말하노니 무엇이든지 기도하고 구하는 것은 받은 줄로 믿으라 그리하면 너희에게 그대로 되리라 (막 11:24)

넷째, 나는 죄가 될 수 있는 것은 조금도 생각하지 않았다. 다음 시편의 하나님 말씀을 알고 있기 때문이다.

내가 나의 마음에 죄악을 품었더라면 주께서 듣지 아니하시리라 (시 66:18)

다섯째, 몇몇 사람을 위해서 50년 이상 인내와 믿음으로 기도했고, 나는 응답이 될 때까지 계속해서 기도할 것이다.

하물며 하나님께서 그 밤낮 부르짖는 택하신 자들의 원한을 풀어 주지 아니하시겠느냐 그들에게 오래 참으시겠느냐 (눅 18:7)

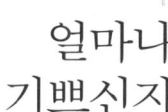

얼마나
기쁘신지

하나님과 깊이 사귀면서 그분을 '사랑스런 존재'라고 고백할 수 있는가? 만일 그렇지 않다면 하나님께 이렇게 간구하기를 권한다. 하나님의 선하심과 인자하심을 경외하도록, 하나님이 얼마나 선하신지, 그리고 하나님께서 우리에게 선행을 베푸는 게 얼마나 기쁘신지 말할 수 있도록 말이다.

이것을 영혼의 깊은 곳에 간직하면 할수록, 그분의 손에 우리 자신을 내려놓고 어떻게 대하시더라도 만족할 수 있다. 또한 시험이 닥쳐와도 자신 있게 말할 수 있다. 나는 하나님이 시험을 통해서 선한 일을 어떻게 베푸시는지 기다리면서 지켜볼 것이다. 하나님은 분명히 그렇게 하실 것이다.

그래서 세상을 향해 영광스런 간증이 흘러나오고, 다른 사람들로 하여금 더욱더 자주 도움의 손길을 베풀게 할 수 있다.

비록 회개하지
않더라도

나는 다섯 명의 영혼이 주님께 돌아올 수 있도록 기도했다. 하루도 거르지 않았다. 병을 앓든지, 아니면 뭍이나 바다를 여행할 때도 마찬가지였다.

일이 몹시 분주하더라도 늘 변함없이 기도했다. 그렇게 18개월이 지나자 한 사람이 회심했다.

하나님께 감사하고 나머지 사람들을 위해 계속 기도했다. 5년 후, 또 다른 사람이 회심했고, 두 번째 사람의 회심을 감사했다.

그리고 나머지 셋을 위해 똑같은 마음으로 기도했다. 매일 그렇게 기도한 덕분에 세 번째 사람 역시 돌아왔다.

하나님께 감사드리고, 나머지 둘을 위해 기도했다.

하지만 그들은 돌아오지 않았다. 기도할 때마다 수천 번의 기도응답을 받아온 내가 그들의 영혼을 위해서 거르지 않고 36년 간 계속 간구하지만, 그들은 지금까지 회개하지 않고 있다.

그럼에도 나는 하나님 안에서 소망의 끈을 놓지 않을 것이다. 응답을 받을 때까지 포기하지 않고 거듭 기도할 것이다. 지금은 비록 회개하지 않더라도 언젠가는 반드시 그들이 회개하게 될 것을 알기 때문이다.

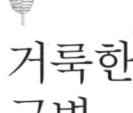
거룩한
구별

영혼의 깊숙한 곳에서부터 하나님께 간절히 열망하면서 부르짖는 나의 기도는 언제나 동일하다.

주여,
당신의 자녀들의 눈을 열어서
영적인 문제에 관해서
믿지 않는 이들과 구별되게 하시고 (고후 6:14-18),
하나님의 마음을 따라
하나님의 사역을 감당할 수 있게 허락하소서!

예수를 주로
시인하며

주 예수만 의지하는 우리가 삶에 더없이 사소한 문제는 물론, 마음에 품은 생각마저 남김없이 관심을 기울이는 아버지 하나님을 모시고 있다는 게 정말이지 얼마나 소중한 일인지 모른다!

사랑하는 여러분은 살아계신 하나님을 알고 있는가?

예수 안에서 하나님을 아버지로 모시고 있는가?

기독교는 형식이나 신조, 그리고 의식을 초월한다. 우리의 거룩한 신앙에는 생명과 능력과 진실함이 있다. 여러분 중에 아직도 이것을 제대로 알지 못하는 이가 있다면 와서 직접 맛을 보아야 한다.

다음의 성경구절을 묵상하면서 기도하기를 진심으로 권한다.

하나님이 세상을 이처럼 사랑하사 독생자를 주셨으니 이는 그를 믿는 자마다 멸망하지 않고 영생을 얻게 하려 하심이라 (요 3:16)

네가 만일 네 입으로 예수를 주로 시인하며 또 하나님께서 그를 죽은 자 가운데서 살리신 것을 네 마음에 믿으면 구원을 받으리라…마음으로 믿어 의에 이르고 입으로 시인하여 구원에 이르느니라 (롬 10:9-10)

그에 대하여 모든 선지자도 증언하되 그를 믿는 사람들이 다 그의 이름을 힘입어 죄 사함을 받는다 하였느니라 (행 10:43)

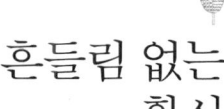

흔들림 없는 확신

구약 성경의 〈잠언〉을 읽어 내려가다가 기도제목과 관련해서 새로운 용기를 얻을 수 있었다. 그 말씀은 다음과 같다.

너는 마음을 다하여 여호와를 의뢰하고 네 명철을 의지하지 말라. …범사에 그를 인정하라 그리하면 네 길을 지도하시리라 (잠 3:5-6)

내 모든 길, 그리고 갖가지 문제에 대해서도 주님을 인정한다. 하나님의 은총 덕분이다.

따라서 주님은 이런 나의 사역, 특히 고아원을 확장하는 문제에 전념해야 할지의 여부에 대해서 인도해 주실 것을 진심으로 확신한다. 다음의 성경구절이 힘이 되었다.

정직한 자의 성실은 자기를 인도하거니와 사특한 자의 패역은

자기를 망케 하느니라 (잠 11:3)

하나님의 은총 덕분에 정직하게 이 사업을 진행하고 있다. 그래서 가장 거룩한 나의 목적은 하나님께 영광을 돌리는 것이다. 덕분에 하나님이 올바르게 인도해 주실 것이라고 믿는다. 성경은 이렇게 말한다.

너의 행사를 여호와께 맡기라. 그리하면 네가 경영하는 것이 이루어지리라 (잠 16:3)

나의 행사를 주님께 맡기고 있다. 따라서 나의 경영이 이루어질 것이라고 믿는다. 주님이 고아원 사역에서 나를 여전히 더 많이 사용해 주실 것이라는 고요하고 차분하고 흔들림 없는 확신이 마음속에서 한층 더 강해지고 있다.

여호와여 말씀하옵소서 (삼상 3:9-10, 사 6:8)

불안을
이겨내는 기도

주 예수 안에 있는 성도들이 고아원이나 어려운 가정의 아이들을 위해 학교를 운영하거나 후원하는 문제에 관해 하나님을 신뢰하도록 부름을 받지는 않았다. 그러나 늘 관심을 보이시는 하나님의 뜻에 따라서 모든 성도는 무슨 염려든지 그분에게 맡길 수 있고, 또 맡기는 것은 당연한 일이다. 그렇게 하고 난 뒤에 다음과 같은 주님의 말씀처럼 조금도 염려할 필요가 없다.

너희 염려를 다 주께 맡기라 이는 그가 너희를 돌보심이라 (벧전 5:7)

아무 것도 염려하지 말고 다만 모든 일에 기도와 간구로, 너희 구할 것을 감사함으로 하나님께 아뢰라 (빌 4:6)

그러므로 내가 너희에게 이르노니 목숨을 위하여 무엇을 먹을까 무엇을 마실까 몸을 위하여 무엇을 입을까 염려하지 말라 목숨이 음식보다 중하지 아니하며 몸이 의복보다 중하지 아니하냐 공중의 새를 보라 심지도 않고 거두지도 않고 창고에 모아들이지도 아니하되 너희 하늘 아버지께서 기르시나니 너희는 이것들보다 귀하지 아니하냐 (마 6:25-26)

주님의 돌보심은 끝이 없다. 그분은 우리에게 몇 번이고 거듭해서 필요한 것을 공급하실 수 있다. 내가 처한 상태를 너무나 잘 알고 계신다. 따라서 장차 부족해질 것에 대해 염려하는 것들을 멀리하는 생활방식이 염려에서 벗어나게 하는 통로이다.

이런 생활방식은 내 마음이 차가워질 때 은혜의 역사를 되살리는 도구이기도 했고, 내가 잘못을 저지른 후에도 주님께 다시 돌아갈 수 있는 도구가 될 때도 있었다. 죄 안에서 살면서 동시에 하나님과 교제를 통해 생활에 필요한 것들을 하늘에서 전달받는 것은 해서도 안 되지만, 할 수도 없는 일이기 때문이다.

이러한 때에 기도는, 기도응답은 내 영혼을 일깨우고 말할 수 없는 즐거움을 충만하게 하는 도구가 되어주었다.

어느 형제의 집에서 서너 명의 성도를 만났다. 그 자리에 있던 한 자매가 내게 말했다. "당신이 다른 사람에게 필요한 것들을 공급하는 문제로 힘들어하는 것을 보면 가끔 염려스러울 때가 있습니다."

나는 이렇게 대답했다.

"이런 일이 처음이 아니지요. 더구나 하나님의 은총 덕분에 전혀 걱정하지 않습니다."

나는 이미 오래 전에 내가 돌보는 아이들을 전부 주님께 맡겼다. 모든 일은 하나님의 몫이라서 그 사역에 관해서 조금도 걱정하지 않는다. 내게 부족한 것이 무엇이든지 간에 이 시점에 내가 할 수 있는 것은 하나님의 은총에 힘입어서 그 짐을 하늘에 계신 아버지에게 맡기는 것이다.

영국 브리스톨의 애슐리 다운 고아원의 어린이들. 하나님이 뮬러에게 고아원 설립에 대한 비전을 주셨을 때 그의 주머니에는 고작 2실링(50센트)이 전부였다. 뮬러는 사람이 아니라 하나님을 의지했고, 덕분에 누구도 예상하지 못했던 놀라운 기도의 응답을 받았다.

언제나
바른 길로

　기도와 믿음은 부족한 것과 어려운 것을 남김없이 해결할 수 있는 보편적인 해결 방법이다. 기도와 믿음, 그리고 하나님의 말씀에 충실하면 할수록 어떤 어려움이든지 극복해낼 수 있는 도움을 받을 수 있다.

　27년 전, 그러니까 1869년 4개월 동안 하나님의 말씀에 담겨 있는 성령의 교훈을 통해서 하나님의 뜻을 진심으로, 그리고 인내하면서 뒤따르지 않은 적이 단 한 차례도 없었다. 나는 언제나 바른 길로 인도받을 수 있었다.

　하지만 마음이 진실하지 않았거나 하나님 앞에서 의롭지 못했다면, 인내하면서 하나님의 교훈이 주어지기를 기대하지 않았다면, 살아계신 하나님의 말씀에 대한 동역자들의 조언을 받아들이지 않았다면 커다란 실수를 범했을지도 모를 일이다.

약점을
내어놓아야

 도움을 구하려면, 주님께 자신의 약점을 몇 번이라도 계속해서 내어놓아야 한다. 드러나지 않는 내적인 잘못을 해결할 수 있는 방법은 달리 존재하지 않는다. 다른 사람들과 더불어 기도하거나, 아니면 형제자매들과 대화를 나눈다고 하더라도 결코 우리의 은밀한 기도를 대신할 수 없다.

즐겨
축복하시지만

주님의 사역, 그 자체가 우리의 영혼에 무엇보다 큰 도움을 주는 주님과 교제를 가로막는 올무가 될 수 있다. 대중 기도를 통해 주님과 가장 친밀한 교제를 대신할 수 있는 사람은 아무도 없다.

내가 생각하는 성공의 위대한 비결은 이렇다.

첫째, 최선을 다해서 일하라. 하지만 자신의 공적을 조금이라도 의지해서는 안 된다.

둘째, 하나님께 축복을 받을 수 있도록 최선을 다해서 기도하라. 그와 동시에 있는 힘을 다하고, 가능한 한 인내하고 참으면서 일해야 한다.

셋째, 먼저 기도하고 나서 일하라. 그렇게 평생 노력하라.

결실은 많고 적을 수 있지만, 그런 자세로 노력하면 마침내 놀라운 축복을 누리게 될 것이다.

모든 일이 자신의 노력에 달려 있는 것처럼, 주님 역시 그렇게 알려야 한다. 하지만 우리의 노력이 결실을 거두게 하시는 주님 안에서 동역자와 성도들을 도와주어야 한다.

하나님은 즐겨 축복하시지만 대개 진심이 담긴 믿음의 기도에 근거하신다는 것을 명심해야 한다.

더욱
충만해질 것이다

나는 하나님이 응답하신 사례를 소중하게 기억하는 것이 또 하나의 놀라운 축복이라는 사실을 깨달았다. 실제로 응답을 받을 때마다 하나님의 은혜를 잊지 않도록 언제든지 따로 기록해 둔다.

사랑하는 여러분에게 진심을 담아서 조언하고 싶다. 작은 노트를 준비해서 기도 일기를 기록하라. 노트의 왼편에는 기도를 시작한 날짜와 기도제목을 기록하고, 오른편은 그냥 남겨두었다가 기도의 응답을 받았을 때 그 내용을 자세하게 기록하라. 그렇게 하면 기도의 응답을 얼마나 받았는지 쉽게 알 수 있다. 그 기록을 보며 한층 더 용기가 생기고 믿음이 강해지며, 특별히 하나님이 얼마나 은혜롭고 자비롭고 사랑이 풍성한 분인지 알 수 있다. 영혼은 하나님에 대한 사랑으로 더욱 충만해질 것이다.

축복을
받을 때까지

기도를 시작하는 것만으로는 충분하지 않다. 올바르게 기도했다고, 또는 한동안 기도했다고 해서 만족하면 안 된다.

인내와 믿음의 자세로 기도가 응답될 때까지 계속해서 기도하는 것이 무엇보다 중요하다. 하나님이 우리의 기도를 들으시고 응답하실 것을 변함없이 신뢰해야 한다.

우리는 어쩌다가 실패할 때가 있다. 축복을 받을 때까지 계속해서 기도하지 않고, 그러한 축복을 중간에 포기하기 때문이다.

인내와 믿음의 자세로 기도가 응답될 때까지
계속해서 기도하는 것이 무엇보다 중요하다

완전한 응답을
내다보며

나는 29년 동안 줄곧 어떤 기도의 응답을 기다렸다. 하루도 거르지 않고 이 축복을 위해서 기도했다.

집안에서나 집밖에서나, 국내에서나 국외에서나, 건강하거나 병들었거나, 그리고 처리해야 할 일이 아무리 많아도 하나님의 도우심에 힘입어서 날마다 이 문제를 그분 앞으로 가져갈 수 있었다.

여전히 완전한 응답을 받지 못했지만 여전히 완전한 응답을 구하고 있다. 확신하면서 기다린다. 날마다, 그리고 해마다, 29년 동안 주님이 나로 하여금 줄곧 인내하며 믿음으로 축복을 기다리며 주님을 의지하게 하신 바로 그 사실 때문에, 이 문제에 귀기울이고 계시다는 것을 확신했다.

결국 기도가 응답될 것을 믿고, 또 완전한 응답을 미리 내다보며 그분을 찬양할 수 있었다.

끝까지
신뢰할 수 있도록

주 예수 안에 있는 성도들은 근심할 필요가 없다. 고아원을 세우거나 가난한 아이들을 위한 학교를 설립하거나 혹은 하나님을 의지하는 것을 수단으로 삼도록 부르심을 받지 않았다고 하더라도, 그리스도 예수 안에 있는 하나님의 뜻을 따르는 성도는 누구나 자신을 돌보시는 하나님께 어떤 근심이든지 맡길 수 있어야 한다. 그렇게 맡겨야 할 뿐 아니라 성경 구절에 분명하게 기록되어 있듯이 조금도 근심할 필요가 없다.

그러므로 내가 너희에게 이르노니 목숨을 위하여 무엇을 먹을까 무엇을 마실까 몸을 위하여 무엇을 입을까 염려하지 말라 목숨이 음식보다 중하지 아니하며 몸이 의복보다 중하지 아니하냐 공중의 새를 보라 심지도 않고 거두지도 않고 창고에 모아들이지도 아니하되 너희 하늘 아버지께서 기르시나니 너희는 이 것들보다 귀하지 아니하냐 너희 중에 누가 염려함으로 그 키를 한 자라도 더할 수 있겠느냐…믿음이 작은 자들아 그러므로 염려하여 이르기를 무엇을 먹을까 무엇을 마실까 무엇을 입을까 하지 말라 이는 다 이방인들이 구하는 것이라 너희 하늘 아버지께서 이 모든 것이 너희에게 있어야 할 줄을 아시느니라 그런즉 너희는 먼저 그의 나라와 그의 의를 구하라 그리하면 이 모든 것을 너희에게 더하시리라 그러므로 내일 일을 위하여 염려하지 말라 내일 일은 내일이 염려할 것이요 한 날의 괴로움은 그 날로 족하니라 (마 6:25-34)

아무 것도 염려하지 말고 다만 모든 일에 기도와 간구로, 너희 구할 것을 감사함으로 하나님께 아뢰라 (빌 4:6)

너희 염려를 다 주께 맡기라 이는 그가 너희를 돌보심이라 (벧전 5:7)

주님은 무한하시다. 주님은 때를 가리지 않고 공급하실 수 있다. 우리의 다급한 사정을 잘 알고 계신다. 따라서 미래의 필요를 고려할 때 근심하기보다는 그것을 통해 내 영혼을 일깨우고, 큰 기쁨을 가득 안겨주는 수단이 되어야 한다. 내게 어떤 면이 부족하더라도, 하나님의 은혜 덕분에 그 짐을 하늘에 계신 아버지에게 맡길 수 있어야 한다.

1838년부터 1845년 7월인 지금까지 7년 동안 우리가 보유한 기금이 줄곧 고갈되었기 때문에 고아들을 위한 필수품을 넉넉하게 마련할 수 없었다. 그럼에도 불구하고 나는 영적으로 단 한 차례만 시험을 받았을 뿐이다.

그 일은, 주님이 처음으로 나의 기도를 외면하신 것처럼 보이던 1838년 9월 18일의 일이었다. 그때 주님이 사역을 포기해서 그런 일이 일어난 게 아니라 우리의 믿음을 시험하시기 위함이었다는 사실을 주님의 도움으로 깨달을 수 있었다.

그래서 침체된 내 영혼은 힘을 얻고 격려를 받았으며 그 이후로 주님을 불신하지 않았다. 치명적인 가난에도 불구하고 절망하지 않았다.

이 점에 있어서 지금까지 그랬던 것처럼 오늘도 오직 주님만 의지하고 있다. 나와 동역자들은 하나님의 영광을 소중히 여기는 모든 이들이 역시 그렇게 하기를 간구한다.

만일 공개적으로 하나님을 자랑해 온 우리가 이런 문제들에 대해 세상처럼 행동한다면 그런 일이 마땅히 하나님의 영광을 가릴 수밖에 없지 않겠는가!

그러므로 여러분은 내가 끝까지 하나님을 신뢰할 수 있도록 기도로써 도와주기를 바란다. 나는 예상하고 있다. 우리의 믿음이 여전히 시험을 받게 되고, 그 시험은 앞으로 더욱 강력해질 것이다. 만일 주님이 우리를 붙드시지 않으면 넘어지고 말 것이다.

기꺼이
공급하시는 주님

그리스도인이 남에게 돈을 빌리는 것에 관한 내 생각은 매우 분명하다. 주님이 우리의 필요를 기꺼이 공급해 주시는 한, 주님의 문을 떠나서 다른 신자의 문을 찾아 나서야 할 이유는 전혀 없다고 생각한다.

주님은 무한하시다.
주님은 때를 가리지 않고
공급하실 수 있다.

날마다
새롭게 간구하기

우리는 지금의 영적 필요를 가지고 직접 주님께 나가야 한다. 그리고 친구들과 가족의 필요도 주님께 가지고 나가지 않으면 안 된다. 시험해 보라. 그러면 주님이 얼마나 기꺼이 우리를 도울 수 있는지 즉시 알게 될 것이다.

곧장 기도의 응답을 받지 못한다고 하더라도 그다지 실망할 필요는 없다. 계속 인내하면서 믿음을 가지고서 기도해야 한다. 그리고 구하는 바가 실제로 유익이 되고, 그러면 하나님께 역시 영광이 된다는 사실도 함께 기억해야 한다. 아울러 우리 주 예수님의 가치에 전적으로 근거해서 간구하면 축복을 받을 수 있다고 확신해야 한다.

나는 기도에 대한 응답을 받기에 앞서, 여러 해 동안 특정한 문제들에 관해서 하나님을 의지해야 했다. 그리고 마침내 기도응답을 받았다.

바로 이 순간까지 11년 반 동안 그분에게 간구한 어떤 축복에 관해서 날마다 하나님 앞에서 새롭게 간구하고 있고, 아직 충분히 응답을 받지 못했지만 그 문제에 대해 마침내 축복이 임할 것이라는 사실을 분명히 믿고 있다.

첫째, 하나님께 영광이 될 수 있는 응답만 놓고서 간구하는 게 중요하다. 그것이 우리에게도 유익이 되기 때문이다. 하지만 우리가 하나님께 간구하는 게 그분에게 영광과 영예가 된다는 게 전부여서는 안 된다.

둘째, 주 예수의 이름으로 구해야 한다. 즉, 그분의 공로와 가치에 근거해서 기도를 드려야 하는 것이다.

셋째, 구하는 것을 하나님이 주실 수 있고 또 기꺼이 그렇게 하실 것으로 믿어야 한다.

넷째, 축복이 허락될 때까지 끊임없이 기도해야 한다. 시간이나 처지와 무관하게 하나님께 시선을 고정할 때 그분은 응답하실 것이다. 그러니 기도하면서 인내해야 한다.

다섯째, 응답받을 때까지 간구하고 기대해야 한다.

이렇게 기도하면, 수많은 기도응답을 경험할 수 있을 뿐더러 이런 응답 덕분에 우리의 영혼은 나날이 새로워지고 힘을 얻게 될 것이다.

만일 간구하는 내용이 실제적으로 유익하지 않거나 하나님께 영광이 되지 않는다면 사심을 내려놓은 채 계속 기도해야 한다. 하나님의 자녀가 구하는 바를 응답받기 위해서는 언제나 하나님의 영광을 염두에 두어야 한다.

한편, 하나님의 영광과 밀접하게 연결되어 있는 우리 자신의 영적 유익 역시 간구의 과정에서 배제해서는 안 된다. 우리는 스스로 그리스도인으로 인식해야 하고, 또 주 예수를 응답의 근거로 생각하고 간구해야 한다. 정직하고 올바르게 판단할 수 있는 한 우리가 바친 간구에 대한 응답이 실제적인 영적 유익과 하나님의 영광을 위한 것이라고 생각해야 한다.

끝으로, 축복이 임할 때까지 계속 기도해야 한다. 기도를 시작하거나 바르게 기도하는 것만으로는 충분하지 않다. 꽤 오랫동안 계속 기도하는 것 역시 충분하지 않기는 마찬가지이다. 반드시 응답을 받을 때까지 인내하면서 믿음으로 계속 기도해야 한다.

그리고 끝까지 지속적으로 기도할 뿐 아니라 하나님이 우리 기도를 들으시고 응답해 주실 것을 믿어야 한다. 안타깝게도 우리 주변에는 축복이 임할 때까지 포기하지 않고 기도하는 것과 끝까지 축복을 기대하는 것을 자주 볼 수 없다.

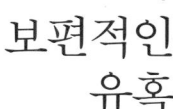

보편적인
유혹

　기쁨이 사라지는 순간에 하나님 말씀을 읽는 것과 기도하기를 포기하게 만드는 것은 사탄이 아주 보편적으로 활용하는 유혹이다.

　사탄은, 우리가 기뻐하지 않을 때 성경을 읽는 게 전혀 유익이 되지 않는 것처럼, 그리고 기도하고자 하지 않을 때 기도하는 게 아무런 유익을 주지 못하기나 할 것처럼 생각하게 한다.

　실제로 그와 정반대이다. 말씀을 향유할 수 있도록 계속 말씀을 읽어야 하고, 또 기도의 영을 얻기 위해 지속적으로 기도해야 한다. 우리가 말씀을 읽지 않으면 않을수록 그만큼 더 말씀을 덜 읽으려고 하고, 기도하지 않으면 않을수록 기도에 그만큼 더 인색하게 될 것이다.

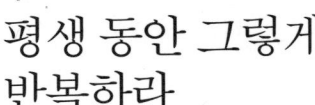

평생 동안 그렇게 반복하라

주님을 위해 하는 일이 영적으로 그다지 도움이 되지 않을 때가 있다. 은밀하게 기도하는 게 중요하다.

무엇보다 힘껏 일해야 한다. 바로 여기에 위대한 성공의 비결이 있다. 그렇다고 자신이 이룩한 일을 조금이라도 신뢰하거나 자랑하려고 해서는 안 된다.

힘껏 하나님의 복을 구해야 한다. 그와 동시에 힘과 끈기를 발휘해야 한다.

그리고 나서 기도하고 일하라. 일하고 기도하라. 또다시 기도하고 또 일하라. 평생 동안 그렇게 반복하라. 기도와 일을 쉬지 말고 반복해야 한다.

풍성한 복은 당연히 그 뒤를 따른다. 그런 섬김은 많은 열매를 맺든 적은 열매를 맺든 간에 마침내 복을 가져온다.

하지만 명심해야 할 일이 있다. 자신의 노력에 의지하지 말라. 노력한 것을 유효하게 하시고 이웃과 성도에게 유익을 허락하실 수 있는 주님만 전적으로 의지하라.

아울러 하나님은 믿음으로 기도하는 이를 즐겨 축복하신다는 사실을 함께 기억하라.

PART
2

축복은
끝이 없다

하나님께 위대한 일을 기대하면
위대한 일을 경험하게 된다.
그분이 하실 수 있는 일은 끝이 없다

George Muller Proverbs

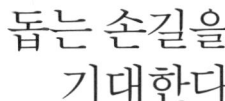

돕는 손길을
기대한다

내가 하나님의 복을 한껏 누린 비결은, 삶의 일정한 규칙을 어김없이 그대로 지켜왔기 때문이다. 순서에 따라서 정리해 보자.

첫째, 날마다 사역의 어려움에 관한 기도제목을 한 음성으로 하나님께 알리되, 가능하면 하루에 두 번씩 반복한다.

둘째, 기도에 대한 응답을 지켜보면서 하나님의 돕는 손길을 기대한다.

셋째, 손님을 끌려고 값싼 가격 두세 가지를 배치하고, 값을 깎아서 판매한다고 광고하는 식의 사업은 절대하지 않는다. 그렇게 교활한 방법을 활용하는 것은 주 예수의 제자에게 어울리지 않기 때문이다. 만일 그렇게 행동하다가는 하나님의 축복하심을 기대할 수 없다.

정말
필요한 순간에

하나님은 결코 나를 실망시키신 적이 없었다. 거의 70년 이상 고아원 사역과 관련된 모든 필요를 빠짐없이 공급하셨다. 고아 1명을 처음 받아들일 때부터 950명이 될 때까지 아이들이 한 번도 식사를 거르게 하시지 않았던 것이다.

손에 동전 한 닢 없이 하루를 시작한 게 수백 번이었지만 하늘 아버지는 정말 필요한 순간에 공급하셨다. 아이들의 건강에 좋지 않은 음식을 먹인 적도 없었다.

지금까지 살아계신 하나님 한 분만 신뢰했다. 기도를 통해서 140만 파운드를 응답받기도 했다. 한 해에 5만 파운드가 필요했지만 때가 이르자 필요한 것들이 모두 채워졌다. 나는 이 세상에 있는 그 누구에게도 동전 한 닢을 구걸한 적이 없다. 위원회를 운영하거나 기부금을 얻으러 다니지도 않았다.

믿음의 기도를 모두 응답받았던 것이다. 오로지 하나님 한 분만 신뢰한 덕분이었다.

그분께 세상의 모든 사람의 마음을 움직여서 나를 도울 수 있는 방법은 한두 가지가 아니었다. 내가 기도하고 있는 동안에 그분은 이 대륙 저 대륙에 있는 이들에게 도움을 제공하라고 말씀하신다.

하나님께 위대한 일을 기대하면 위대한 일을 경험하게 된다. 그분이 하실 수 있는 일은 끝이 없다. 그분의 영광스런 이름을 찬양하라. 그분이 행하신 모든 일을 찬양하라. 나는 그분이 6펜스를 여러 차례 보내주셨을 때도 찬양했고, 1만 2천 파운드를 보내주셨을 때도 그분을 찬양했다.

응답이 이뤄질 때까지 절대 포기하지 않는 게 무엇보다 중요하다. 하나님의 자녀들이 범하는 커다란 잘못은 끈질기게 기도하지 않는 것이다. 그들은 계속해서 기도하지 않으며, 인내하면서 기도하지 않는다. 하나님의 영광을 위해서 무엇인가를 바라고 있다면 그것을 얻을 때까지 몇 번이고 기도해야 한다.

여러 번 낙심하기도 했지만, 언제나 하나님을 소망하면서 확신했다. 하나님의 언약 덕분에 내 영혼은 평안했다. 그분을 신뢰하는 것은 선한 일이고, 또 그분의 말씀은 결코 헛되이 돌아오는 법이 없다.

내 입에서 나가는 말도 이와 같이 헛되이 내게로 되돌아오지 아니하고 나의 기뻐하는 뜻을 이루며 내가 보낸 일에 형통함이니라 (사 55:11)

하나님은 피곤한 사람에게는 능력을 주시고 무능한 사람에게는 힘을 더해 주신다.

피곤한 자에게는 능력을 주시며 무능한 자에게는 힘을 더하시나니 (사 40:29)

뮬러는 1849년에 브리스톨에서 2킬로미터 떨어진 애슐리 다운 언덕에 제 1고아원을 개원했고, 1857년에는 제 2고아원, 그리고 1862년에는 제 3고아원을 계속해서 개원했다. 그리고 나중에는 기존 고아원을 건축하는 과정에서 남은 재정과 추가된 후원금을 모아서 두 개의 고아원을 더 개원했다. 사진은 제 3고아원의 모습.

세상 것은
곧 지나가지만

하나님의 나라와 하나님의 의를 구하는 것을 가장 중요한 일, 일차적인 관심사로 여기고 있는가?

하나님의 이름을 영화롭게 하는 것, 하나님의 교회를 복되게 하는 것, 죄인들이 회개하고 돌아오는 것, 자신의 영혼이 유익을 얻는 것처럼 하나님께 속한 일이 인생의 주요 목표인가?

아니면 직업이나 가족이나 일시적인 염려나 세상에 속한 어떤 것에 모든 주의를 집중하고 있는가?

만일 후자에 해당한다면 이 세상에서 필요한 모든 것을 소유하고 있다고 하더라도 그것을 잃게 되었을 때 놀라지 않겠는가?

세상 것은 곧 지나가지만 하나님께 속한 것들은 영원히 지속된다는 것을 명심해야 한다.

그 사랑을
기억하고 있기에

믿음이 시작되는 곳에서 불안은 끝이 나고, 불안이 시작되는 곳에서 믿음은 끝이 난다. 우리는 주님의 말씀을 곰곰이 생각하지 않으면 안 된다.

> 예수께서 그 하는 말을 곁에서 들으시고 회당장에게 이르시되 두려워하지 말고 믿기만 하라 하시고 (막 5:36)

하나님께 영광을 돌리고 선한 일을 할 수 있도록 그분은 주 예수를 믿는 이를 도와주실 수 있고, 또 기꺼이 도와주신다는 것을 마음속 깊이 간직하면 마음이 차분해지고 안정이 찾아온다. 우리가 실제로 하나님의 능력이나 사랑에 대한 믿음을 포기하면 평안은 순식간에 사라지고 마음은 어수선해진다.

요즈음 내가 관여하고 있는 일 때문에 상당한 어려움을 겪고 있다. 하지만 하나님의 능력과 사랑을 기억하고 있기 때문에 마음은 평안하고 고요하다. 오늘 아침에는 이 말씀을 묵상하였다.

그의 하나님 여호와를 힘입고 용기를 얻은 것처럼 (삼상 30:6)

나도 하나님 안에서 용기를 얻을 수 있다.
그러자 다시 평안이 찾아들었다.
믿음은 눈앞이 캄캄해지는 바로 그 순간부터 활동한다. 어려움이 크면 클수록 믿음을 갖는 것은 그만큼 더욱 쉽다. 회복될 가능성이 남아 있는 한 믿음은 회복이 전혀 불가능할 때만큼 그렇게 쉽게 성장하지 않는다.

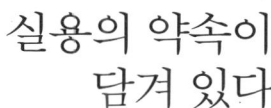

실용의 약속이 담겨 있다

　주님은 이따금씩 믿음의 은총이 아니라 믿음의 선물을 허락하셔서, 마음껏 간구하고 응답을 기대할 수 있게 한다. 내가 보기에는 믿음의 선물과 믿음의 은총 사이에는 어떤 차이점이 분명히 존재하는 것 같다.

　우리는 믿음의 선물 덕분에 문제를 처리할 수 있고, 또 죄를 짓거나 의식하지 않으면서 문제의 해결을 기대할 수 있다. 반면에 믿음의 은총은 우리로 하여금 신뢰할 수 있는 하나님의 말씀 덕분에 죄를 짓거나 의식하지 않으면서 문제의 처리나 해결을 믿을 수 있다.

　이것을 달리 말하면 이렇게 설명할 수 있다. 즉, 몸이 불편한 어떤 사람이 인간의 능력으로 회복될 가능성이 없더라도 회복될 수 있다고 믿으려고 한다면, 일차적으로 믿음의 선물이 요구된다. 믿음의 선물은 실행의 약속을 전제하지 않기 때문이다.

그렇지만 하나님의 나라와 의를 구하면 삶을 유지하는데 필요한 모든 것들을 주님이 허락하신다고 믿기 위해서는 믿음의 은총이 필수적이다. 거기에는 실행의 약속이 담겨 있기 때문이다.

> 그런즉 너희는 먼저 그의 나라와 그의 의를 구하라 그리하면 이 모든 것을 너희에게 더하시리라 (마 6:33)

따라서 우리에게는 하나님이 허락하시는 믿음의 선물을 간구하고 응답을 기대하는 게 무엇보다 중요하다.

전적으로
의지하는 사람에게

우리는 삶에서 크고 작은 어려움과 적지 않게 직면할 수 있다. 하나님께 온전한 응답을 받기 위해서 수천 번, 혹은 수만 번씩 기도해야 할지 모른다. 경우에 따라서는 상당한 믿음과 인내가 필요할 수도 있다. 그렇지만 하나님은 결국 자신을 전적으로 의지하는 사람에게 풍성한 축복으로 응답하신다.

늘 한치의
어긋남 없이

내가 운영하고 있는 고아원의 사역은 지금까지 42년 간 지속되었다. 대부분 해마다 한 팀, 혹은 그 이상의 부서들이 거듭 확대되었지만 하나님은 늘 한치의 어긋남 없이 필요한 설비들을 넉넉히 공급해 주셨다.

고아원의 다양한 사역이 하나님께 속한 사업이라면, 우리가 그분을 대신해서 이 사역을 수행하는 사람들이라면, 이 일을 영광스럽게 수행해야 할 때가 되었다면, 그와 동시에 우리에게 도움을 주시는 그분의 능력과 생각을 크게 신뢰한다면, 어찌 우리의 필요가 공급되지 않을 수 있겠는가?

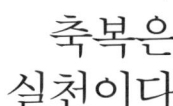

축복은
실천이다

오늘 또다시 새로운 선교기관을 세우는 것을 놓고 기도했다. 그리고 선교기관을 반드시 세워야 한다는 강력한 확신을 품었다. 이 모임은 네 가지를 목표로 삼았다.

첫째, 기부금을 받아 나눔으로써 그리스도인 교사들이 일하고 있는 주간 학교, 성인 학교 및 주일학교들을 돕는다.

둘째, 성경의 낱권들을 저가로 팔거나 무료로 배부한다.

셋째, 무소속 선교사들에게 기부금을 보냄으로써 선교사역을 돕는다.

넷째, 영어 및 여러 외국어 소책자나 팸플릿을 배부한다.

그리고 회심하지 않은 사람들은 이 일어 동참시키지 않으며, 그들에게 기부금을 요청하거나 빚을 지지 않을 것이다. 무엇보다 이 사업의 성공 여부는 통계가 아니라 기도에 비례하는 하나님의 복을 계산하기로 결심한 것이다.

PART
3
일상에 관한 조언

하나님이 허락하시는 은총은
우리의 삶 전체를 변화시킨다
위대한 일을 경험하게 된다.
그분이 하실 수 있는 일은 끝이 없다

George Muller Proverbs

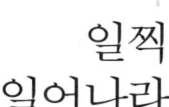

일찍
일어나라

플리머스형제교회(Plymouth Brethren)[1]에서 머무는 동안, 오래전의 습관이 회복되어 또다시 일찍 일어날 수 있었다. 이후 이 축복의 결실을 잃어버린 적이 없었다. 그렇게 습관을 익힌 것은 내가 묵었던 집 주인 형제가 보여준 모범과 레위기에 기록된 희생제사에 관한 말씀 덕분이었다.

> 기쁘게 받으심이 되도록 소나 양이나 염소의 흠 없는 수컷으로 드릴지니 흠 있는 것은 무엇이나 너희가 드리지 말 것은 그것이 기쁘게 받으심이 되지 못할 것임이니라 (레 22:19-20)

부정한 짐승은 주님께 번제로 바칠 수 없다. 마찬가지로

---

[1] 19세기 교회사에서 제2의 종교개혁이라 불리는 '플리머스형제교회 운동'에 큰 영향을 받았다.

주님과 교제를 나누는 우리가 허락받은 시간 중에서 가장 나쁜 부분을 드릴 수 없는 일이다.

예전에 나는 일찍 일어나는 사람 축에 끼었다. 하지만 이 것저것 신경 쓸 일이 많아지고부터 낮에 능력껏 충분히 일했으니 머리가 더 많이 쉴 수 있도록 일찍 일어나지 않는 게 최선이라고 생각했다.

몸 상태가 좋지 않아서 6시와 7시 사이에 겨우 일어났고, 어쩌다가 7시를 넘겨 일어날 때도 있었다. 같은 이유로, 저녁식사를 하고 나서 15분이나 30분쯤 지나서 굳이 잠자리에 드는 습관까지 생겼다. 머리를 휴식하게 하는 것이 건강에 도움이 된다고 생각했기 때문이었다.

그렇지만 이런 습관 때문에 영적으로는 매일 조금씩, 그리고 어느 때는 심각할 정도로 어려움을 겪었다. 기도하고 말씀을 읽는 데 충분히 시간을 들이기 전에 종종 시급히 처리할 일이 밀려왔다. 스스로 자책하면서, 몸이 아무리 고달파도 하루 중 가장 소중한 순간을 더 이상 침대에서 보내지 않겠다고 작정했다.

하나님의 은총 덕분에 바로 다음날부터 일찍 일어났고, 이후로 줄곧 일찍 일어난다. 요즈음에는 대략 7시간가량 잠을 잔다. 몸 상태가 그리 좋지 않고 정신적으로 피곤할 때도 많지만 기운을 회복하기에는 아주 충분한 것 같다. 늦잠을 자는 것 이외에 저녁식사를 하고 나서 잠드는 버릇도 고쳤다. 덕분에 아침식사 전까지 기도와 묵상하는 시간을 길게 늘일 수 있었다.

그러자 몸과 특히 신경계통의 상태는 이전보다 훨씬 좋아졌다. 사실 신경계통이 좋지 않았을 때 내가 무엇보다 잘못한 일은 건강할 때보다 한 시간 혹은 그 이상을 누워 지낸 것이었다. 바로 그 습관 덕분에 건강을 더 해쳤기 때문이다.

적당히
휴식하라

휴식 시간은 어느 정도가 적당할까? 보편적으로 적용할 수 있는 규칙이 존재하지 않는다는 게 올바른 대답일 것이다. 모든 사람에게 같은 양의 수면 시간이 필요하지 않을 뿐더러 같은 사람이라고 해도 시간마다 몸의 좋고 나쁜 상태에 따라 적절히 가감해야 하기 때문이다.

통계에 의하면, 건강한 남성은 6시간에서 7시간 이상 수면할 필요가 없고, 여성은 7시간에서 8시간이 적당하다고 한다. 남성이 7시간 이상, 그리고 여성이 8시간 이상 잠을 자는 것은 오히려 이례적인 일이 될 수 있다.

하지만 하나님의 자녀가 너무 적게 수면을 취해서는 안 된다는 게 나의 최종적인 부탁이다. 남성이 6시간 이하로 잠을 자면서도 여전히 몸과 마음이 건강한 사람이 거의 없고, 여성이 7시간 이하로 잠을 자면서 견딜 수 있는 사람이 그리

많지 않기 때문이다.

   나는 대학교에 입학하기 전까지 한동안 규칙적으로 10시에 잠자리에 들었다가 4시에 일어나서 부지런히 공부하며 건강을 유지했다. 1839년에 플리머스형제교회를 방문한 이후, 7시간으로 수면을 제한하고 있는데 침대에서 8, 9시간을 보낼 때보다 몸 상태도 그렇고, 특히 신경계통이 좋아졌다.

뮬러 사후에도 고아원은 그의 운영방침을 그대로 따랐다. 아침 일찍(6시)에 하루 일과를 시작했고, 남자아이들은 스스로 직업을 찾을 정도로 교육을 마칠 때(14세)까지 고아원에서 머물렀다. 여자아이들은 대개 17세까지 고아원에서 양육을 받았다. 사진은 뮬러 고아원에서 직업교육을 받는 어린이들(1925년).

지나친 수면은 시간 낭비

잠자리에서 왜 일찍 일어나야 하는지 묻는다면, 지나친 수면은 시간 낭비라고 대답할 수 있다. 예수의 보혈로 값을 치른 성도는 이렇듯 그릇된 버릇을 용납해서는 안 된다.

우리의 모든 시간과 모든 소유를 주님을 위해서 사용해야 한다. 만일 몸의 원기를 회복하는 데 필요 이상 수면을 취한다면 주님의 영광, 우리의 이익, 그리고 주변의 그리스도인과 비그리스도인을 위해서 사용하도록 허락받은 시간을 낭비하는 것이다.

침대에서 너무 많은 시간을 보내는 것은 좋지 않다. 음식을 너무 많이 먹어도 몸에 해롭듯이 지나치게 잠을 자는 것 역시 해롭기는 마찬가지이다. 의사들에게 의견을 묻는다면, 몸이 기운을 되찾는 데 필요한 것보다 더 오래 잠을 자면 건강에 나쁘다는 사실에 선뜻 동의할 것이다.

게다가 오랫동안 잠자리에 있는 것은 영혼에도 도움이 되지 않는다. 하루의 가장 소중한 순간을 기도와 묵상에 활용하지 못하게 할 뿐더러 여러 가지 잘못들을 범하게 만들 수 있기 때문이다.

아침 식사 전에 한두 시간, 혹은 세 시간 정도 방이나 집밖에서 성경을 가지고 기도하고 묵상하면서 보내는 것을 반드시 시도해 볼 필요가 있다. 그러면 얼마 지나지 않아서 일찍 일어나는 게 내적으로나 외적으로 도움이 된다는 것을 깨닫게 될 것이다.

앞으로 이 책을 읽으면서, 일찍 일어나는 습관을 들이지 못한 형제자매들에게 습관을 시도해 보라고 간절하게 권한다. 그러면 주님을 찬양하게 될 것이다.

뒤로
미루지 마라

나에게 언제부터 일찍 일어나는 것이 좋을지 묻는다면 당장 시작하라고 권하고 싶다.

내일부터 일찍 일어나라. 그렇다고 해서 자신의 능력을 과신해서는 안 된다. 이미 일찍 일어나려고 시도했다가 포기한 것도 이런 이유일 것이다. 자신의 능력을 의지하면 당연히 그 어떤 소득도 거둘 수 없다.

우리는 선한 일을 할 때마다 주님을 의지하게 된다. 그런 일을 하다 보면 우리 스스로 얼마나 허약한 존재인지 깨닫는다. 기도하고 묵상하는 시간을 가지려고 잠을 물리치고 일찍 일어나는 사람을 사탄이 방해하고 싶어한다는 것을 반드시 명심해야 한다.

아침에 대한 조언

주님을 신뢰하고 도움을 구해야 한다. 주님의 도움을 기대하게 되면 그분이 영광을 받을 것이다. 기도로 도움을 간구하고 도움을 기대하면 응답을 받을 것이다.

일찍 잠자리에 들어야 한다. 늦게 자면 일찍 일어 날 수 없다. 사람들과 어울리는 것 때문에 일찍 자는 습관이 깨지지 않게 해야 한다. 일찍 잠자리에 들지 못하면 몸이 반드시 휴식을 취해야 하기 때문에 일찍 일어날 수도 없고, 또 그렇게 해서도 안 된다.

아침 시간을 침대에서 보내는 게 의학적으로 얼마나 해로운지, 하루의 일과를 시작하기 전에 기도와 묵상 시간을 확보하기 위해서 일찍 자고 일찍 일어나는 게 얼마나 중요한지 모른다.

몸과 정신이 어느 때보다 활기찰 때 영적 훈련에 힘쓰는 것은 정말 중요하다. 이것을 통해서 갈등이나 시험, 그리고 하루의 업무를 감당할 수 있는 영적 능력을 획득할 수 있다.

누군가에게 부탁하여 하나님 앞에서 결심한 기상 시간에 맞추어서 깨워달라고 할 수도 있다. 이보다 훨씬 좋은 방법은 일어나고 싶은 순간을 거의 분 단위까지 조절할 수 있도록 자명종 시계를 구입하는 것이다.

나는 기도에 응답을 받아서 기상하고 싶은 바로 그 순간에 주님이 직접 깨워주실 때도 많았지만, 자명종 시계를 구입해서 일어나고 싶을 때 일어나는 게 좋다고 생각한다.

지킬 수 있는 약속

기회가 주어질 때마다 언급하는데, 사업하는 성도들은 약속에 관해서 그다지 관심을 두지 않는 듯하다. 나는 주 예수를 사랑하고, 사업에 힘쓰는 이들에게 주님의 영광을 가리지 않도록 지킬 수 있는 약속만 하라고 권한다.

그러므로 약속을 어기는 일이 없도록 약속을 하기 전에 상황을 따져보는 게 중요하다. 사소한 일상의 일 때문에 주님께 영광을 돌릴 수 있고 그렇지 않을 수 있다. 오히려 비그리스도인이 약속에 관심이 높다.

세상의 판단 기준이나 근거를 무시하다가 '나쁜 일꾼, 나쁜 사업가, 나쁜 주인'이라는 비판을 자초하면 되겠는가? 기도와 믿음을 통해, 하나님에게서 필요한 모든 은혜, 지혜 그리고 능력을 전달받는 우리가, 나쁜 일꾼, 나쁜 사업가, 나쁜 주인이 되는 것은 결코 옳지 않다.

진정
아름다운 여행

하나님이 허락하시는 은총은 우리의 삶 전부를 변화시킨다. 나보다 더 여행을 좋아하고 새로운 장소를 구경하는 일에 힘쓰는 사람도 그리 많지 않을 것이다.

하지만 하나님의 은총 덕분에 주 예수님에게서 진정한 아름다움이 무엇인지 직접 경험한 이후로는 오로지 나의 즐거움을 위한 여행을 완벽하게 포기했다.

주 예수님을 섬기기 위해 여행하는 것과 육신을 즐겁게 하려고 여행하는 것은 정말 다르다.

그러니
순종하라

올바른 동기를 지니고 하나님과 거룩한 사역에 순종할 때마다 우리는 한없이 영적으로 강해진다. 그렇지만 우리가 하나님을 멀리하면서 불순종할 때마다 그만큼 영적으로 허약해질 수밖에 없다. 그러니 순종하라.

속마음과는
달리

    기회가 있을 때마다 형식적인 믿음이 끼치는 해로운 영향을 지적한 바 있다. 이는 다른 사람들의 모습을 통해서 확인할 수 있고, 습관으로 굳어질 수 있고, 속마음과 달리 겉으로 드러나는 자기부정의 행위에서 확인할 수 있다.

    겉으로 꾸미는 행위는 내부에서 강력하게 진행되는 성령의 역사와 무관할 뿐더러 성부와 성자와 누리는 즐거운 사귐과도 거리가 멀다.

    거룩한 것들을 형식이나 습관, 혹은 관습만으로 대하는 것은 피하는 게 중요하다. 우리가 목표로 삼아야 할 것들은 삶, 능력, 현실이다. 그런 것들은 외부가 아니라 내부에서 생겨나는 것들이며, 내가 입는 옷, 내가 살고 있는 집, 내가 사용하는 괜찮은 가구들은 외적으로 자랑삼는 사람들이 제공한 게 아니다. 소박하고 화려한 것을 추구하지 않는 성도들에게 신세를 지고 있다.

세상적인 가치에 관심을 보이지 않고, 자기를 부정할 때 우리는 하나님 안에서 진정한 즐거움을 누릴 수 있다. 하나님의 자녀라는 것을 깨닫고, 소중한 미래의 유산에 참여할 수 있다.

어떤 행동을 하도록 해서 나중에 후회하게 하는 영향력을 따르기보다 가만히 서서 다른 이들의 행동을 좇지 않는 게 훨씬 더 바람직하다. 그렇다고 해서 다른 사람들은 심각한 어려움을 겪고 있는데도 자신은 화려하고 방탕한 삶을 지속해도 좋다는 뜻은 물론 아니다.

우리는 올바른 방향으로, 올바른 마음가짐에서 그 일을 시작해야 한다. 외부적인 것보다는 내부적으로 시작해야 한다. 만일 그렇게 하지 않으면 그 일은 오래 지속할 수 없다.

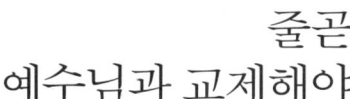

줄곧 예수님과 교제해야

우리는 '끝까지 따라다니면서 괴롭히는 죄'를 이겨낼 능력이 필요하다. 어떤 유혹이든지 단호하게 물리칠 수 있는 능력이 필요하다.

또 우리 자신과 다른 성도들에게 도움을 줄 수 있는 지혜와 은혜가 필요하다. 믿지 않는 사람들을 주께 돌아오게 할 지혜와 능력이 필요하다. 이런 능력과 은혜와 지혜를 얻기 위해서 우리는 어떻게 해야 할까?

방법은 단 한 가지 밖에 없다. 오직 성부 하나님과 성자 예수님과 더불어 줄곧 교제하고 협력하는 것 이외에 달리 방법이 없다.

마땅히
믿어야 할 순간

자기 고집을 조심할 필요가 있다. 인간의 마음은 아무리 본성이 그렇다고 하더라도 마땅히 믿어야 할 순간에 이것저것을 따지는 버릇이 있다. 조용히 제자리를 지키고 있어야 할 때 활동하려고 한다. 하나님의 길을 꾸준히 걸어야 할 때 스스로 내키는 대로 제 길을 가려는 경향이 있다.

돌보고 베푸는
영적 돌봄

교인을 직접 찾아가서 돌봄을 베풀지 않는 교회들은 앞으로 어떤 운명을 맞이할까? 얼마 지나지 않아서 건강하지 않은 교회로 전락하고 말 것이다.

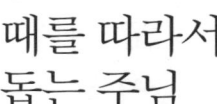

때를 따라서
돕는 주님

주님은 때를 따라서 도움을 허락하신다. 그 과정에서 우리의 믿음은 시험을 받을 수 있다. 주님은 우리의 믿음이 부족하다고 해서 결코 지금 우리가 진행하고 있는 사업을 외면하시는 법이 없다.

내 믿음이 강하고 적극적이라면 앞으로 주님을 의심하지 않을 것이고, 그러면 극심한 궁핍에 처하지도 않을 것이다.

하지만 주님이 우리를 돌보시지 않으면 우리는 넘어질 수밖에 없다. 그러므로 이후 도움의 손길을 베푸실 주님에 대한 믿음을 포기해서는 안 된다.

재물,
나누어 주어야 할 것

여러분과 나는 하나님의 일을 대신 맡아서 꾸려 가고 있는 청지기이다. 그러니 주인이 되시는 하나님의 재물을 결코 낭비할 수 없다. 만일 우리가 부당한 방법을 활용해서 재물을 얻는다면 지출 역시 사치에 사용하거나 부당하게 사용하기 쉽다.

나는 내 자신과 가족들의 필요를 제대로 채우지 못했지만, 생활하는 데 조금도 부족함이 없었다. 나의 소유는 늘지 않았지만 여러 해 동안 고아원이 크게 발전했고, 내가 청지기 정신을 계속해서 유지해서 결코 낭비하는 일도 없었다.

이 땅에는 하나님의 것을 자신의 소유로 만드는 자들이 얼마나 많은지 헤아리기 쉽지 않을 정도이다. 주인을 대신해서 어려운 이들에게 나눠 주어야 할 것을 자신의 몫으로 삼고 있다.

주님의 도움을 기대하게 되면
그분이 영광을 받을 것이다.
기도로 도움을 간구하고 도움을 기대하면
응답을 받을 것이다.

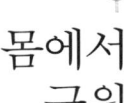

몸에서 구원

 몸과 영혼의 필요를 동시에 고려하는 것은 결코 쉬운 일이라고 할 수 없다. 머리가 아파서 글을 읽거나 생각하는 게 힘겹기만 한 지금의 고통에서는 영혼과 몸을 한꺼번에 돌보는 것보다 오히려 몸을 벗어나서 전적으로 주님을 계속 섬기는 게 훨씬 더 쉬운 일처럼 보인다.

 앞으로 이 불쌍하고도 악한 것에서 구원을 받을 날이 임할 터이니 이 얼마나 복된 소망인가.

빚보증을
서지 말라

이 세상에 살더라도 하나님의 말씀을 따라 행동하는 것은 정말 소중한 일이다. 이 세상의 사소한 것은 물론 어떤 문제든지 간에 하나님의 뜻을 완벽하게 계시하고 있는 말씀은 올바른 방향을 제시한다. 하나님의 말씀은 우리에게 이렇게 명령한다.

> 너는 사람과 더불어 손을 잡지 말며 남의 빚에 보증을 서지 말라
> (잠 22:26)

사탄이 사람을 유혹해서 보증의 올가미에 빠뜨려서 어려움을 겪게 만드는 방법은 간단하다. 특정한 사례임에도 불구하고, 마치 전혀 문제없는 것처럼 보이게 해서 무슨 일이 있더라도 남이 지불할 돈을 대신 지불하는 일은 일어나지

않을 거라고 확신하게 만든다. 이것은 사실과 거리가 멀다. 성실한 친구이신 우리 하나님은 그와 같은 문제에 지혜롭게 대처할 수 있는 유일한 방법을 이렇게 말씀하신다.

> 타인을 위하여 보증이 되는 자는 손해를 당하여도 보증이 되기를 싫어하는 자는 평안하니라 (잠 11:15)

다음의 내용들은 누군가가 빚보증을 서 줄 것을 부탁할 때 진지하게 생각하게 한다.

첫째, 나에게 보증을 서 달라고 요구하는 사람은 무엇 때문에 그럴까? 보증을 서 달라고 요구받는 게 진정으로 선한 목적 때문일까? 나는 보증을 서는 문제에 관해서 분명하고 경건한, 모든 면에서 성경적인 사례를 본 적이 없다. 대개 어느 정도 죄가 되거나, 아니면 그것과 관계가 있다.

둘째, 주님이 말씀으로 일러주셨는데도 불구하고 보증을 선다면, 나는 보증을 서고자 하는 사람의 계약을 이행하기 위해서 그 누구에게도 피해가 돌아가지 않게 할 수 있는 위치에 있을까? 이 한 가지만 고려해도 보증 서는 일을 피할 수 있다.

셋째, 만일 내가 그래도 보증을 선다면, 나는 주님의 이름에 누가 되지 않도록 요구를 받을 때마다 책임을 다할 수 있게 돈을 지니고 있어야 한다.

넷째, 그렇지만 보증을 선 사람의 책임을 대신해서 이행해야 할 때 내 돈을 그런 식으로 사용하는 게 주님의 뜻일까? 오히려 내 돈을 다른 방식으로 사용하는 게 그분의 뜻은 아닐까?

다섯째, 위의 네 가지 조건을 충족하더라도 하나님의 말씀과 분명히 어긋난다면 이 일을 어찌할 수 있을까?

PART
4
가정과 양육에 관하여

자식들을 위해서 계속 기도하면서
기도가 응답되기를 기대하십시오

George Muller Proverbs

기도하고
기대하십시오

1876년, 한 도시를 처음 방문했을 때 어떤 사내가 찾아왔다. 사내는 여섯 명의 아들 때문에 상당한 어려움을 겪는 중이었다.

몇 년 동안 그들의 회심을 위해서 기도했지만 여전히 그들은 영혼에 대해서 무관심하다는 것이다. 그는 어떻게 해야 할지 구체적으로 일러줄 것을 부탁했다. 나는 이렇게 대답했다.

"자식들을 위해서 계속 기도하면서 기도가 응답되기를 기대하십시오. 그러면 하나님을 찬양하게 될 것입니다."

6년이 흐른 뒤, 같은 도시를 방문하자 이 사랑스런 사내가 반갑게 나를 찾아왔다. 전에는 자신이 어떻게 처신해야 할지 알지 못해 당황스러웠지만, 내 충고를 받아들여서 어느 때보다 기도에 전념했다는 소식을 전했다.

그가 나를 만난 지 두 달 후, 여섯 아들 중 다섯 아들이 여드레 만에 모두 회심했고, 지금까지 6년 간 변함없이 주님의 길을 걷고 있었다. 그는 여섯 번째 아들 역시 하나님 앞에서 자신의 영적 상태에 관해서 관심 두기를 바라고 있었다.

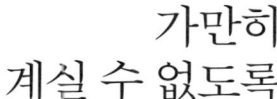

가만히
계실 수 없도록

내 경험에 따르면, 그리스도인들은 대개 자녀를 위해 애쓴 결과가 즉각적으로 드러날 것이라는 기대가 지나치게 적다. 그들은 언젠가 주님이 자녀의 교육을 대신해서 맡아주시고, 여러 해가 지나고 나서야 비로소 자녀를 위한 기도에 응답하실 것이라고 생각한다. 이것은 옳지 않다.

성경 구절들을 통해, 주님을 위해서 행하는 모든 것뿐 아니라 특별히 주님을 경외하면서 자녀를 양육하는 일이 헛되지 않다는 확신을 얻을 수 있을 것이다.

> 마땅히 행할 길을 아이에게 가르치라 그리하면 늙어도 그것을 떠나지 아니하리라 (잠 22:6)

> 너는 네 떡을 물 위에 던져라 여러 날 후에 도로 찾으리라 (전 11:1)

그러므로 내 사랑하는 형제들아 견실하며 흔들리지 말고 항상 주의 일에 더욱 힘쓰는 자들이 되라 이는 너희 수고가 주 안에서 헛되지 않은 줄 앎이라 (고전 15:58)

우리가 선을 행하되 낙심하지 말지니 포기하지 아니하면 때가 이르매 거두리라 (갈 6:9)

기도응답을 기대하지 않고, 일시적인 문제들을 잠시 다루는 식으로 성경구절을 남용해서는 안 된다. 우리는 즉각적인 결과를 두 눈으로 직접 확인할 때까지 주님이 가만히 계실 수 없도록 해야 한다. 인내와 순종의 마음으로 하나님께 거듭 간구해야 한다.

나는 자녀가 있는 성도들을 격려하려고, 지난 2년 동안 10살부터 17살까지의 아이들을 모임에 참여시켰다. 지금도 나는 고아원뿐 아니라 주일학교에 다니는 더 많은 어린이들의 회심을 기대하고 있다는 사실을 덧붙인다.

성탄절을 축하하는 퓰러 고아원의 어린이들

퓰러 고아원의 아이들

방치의
불행

 어린이 내부에 존재하는 선, 혹은 악의 능력은 인간의 계산을 완벽하게 넘어선다. 제대로 훈련을 받은 어린이는 영원히 영향력을 발휘하는 전 세계적인 복이 될 수도 있다. 그렇지만 방치되거나 오도된 어린이는 인간을 저주하는 삶을 살게 되고, 영원한 지옥에 떨어질 때까지 점점 강해지는 악한 영향력을 행사할 수 있다.

 최근 뉴욕에서 열린 자선지원재단 모임에서 해리스 박사가 놀라운 사례를 소개한 바 있다. 70여 년 전에 허드슨 강 상류에 위치한 한 마을에 사는 소녀 마가렛은 주민들의 보살핌을 제대로 받지 못했다.

 그 애는 범죄자와 극빈자가 끊이지 않는 가정의 어머니가 되었고, 자손들은 이후에도 그 마을을 저주했다. 마을의 기록에 따르면, 후손 중 2백 명이 범죄자가 되었다.

마가렛은 불행한 삶을 살면서 스무 명의 자녀를 낳았다. 자녀의 셋은 일찍 죽었고, 나머지 열일곱 명이 어른이 되었다. 열일곱 자녀 중에서 아홉 명은 중대한 범죄를 저질러서 교도소에서 50년 형을 선고받았다. 나머지 자녀들도 교도소와 빈민구호소를 자주 들락거렸다.

마을에서 버려진 아이로 성장한 이 불행한 소녀에게서 여섯 대에 걸쳐 이어진 9백 명의 후손들 중에 상당수가 백치, 저능아, 알콜 중독자, 극빈자, 그리고 창녀가 되었다. 그리고 그 중 2백 명은 더 중대한 범죄자로 기록되었다.

이렇게 방치된 어린이는 범죄자와 극빈자 때문에 비용을 지불하고 돕는 데 들어간 막대한 비용 이외에 마을의 재산과 공공 도덕에 말할 수 없는 피해를 입혔다.

반드시
열매를 거두리라

자녀에게 일찍부터 하나님의 일과 궁핍하고 어려운 이들에게 관심을 베푸는 습관을 들이게 하라. 적절한 시기와 적절한 상황에서 그들을 돕는 일에 동참하게 하라. 그렇게 하면 반드시 열매를 거둘 것이다.

속한 세대를 섬겨야

나의 사역은 내가 속한 세대를 있는 힘을 다해서 섬기는 것이다. 이것은 내가 다음 세대로 하여금 주님을 기대하도록 만들 수 있는 최선의 사역이라고 할 수 있다.

세월이 흐르면 흐를수록 인생이 지상에서 단 한 번 허락되었다는 것, 그리고 추수를 하는 영원한 시간과 비교하면 씨를 뿌리는 지금의 시간이 짧다는 것을 실감하게 된다.

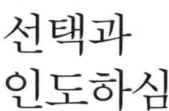

선택과
인도하심

결혼은 인생에서 무엇보다 중대한 사건이라고 할 수 있다. 결혼을 위해서 아무리 기도를 많이 하더라도 결코 지나치는 법이 없다. 우리의 행복, 우리의 유용함, 하나님과 이후의 삶은 우리가 내리는 선택과 깊은 관계가 있을 때가 많다. 그러므로 무엇보다 기도하는 자세로 결정해야 한다.

그런 결정을 내리는 데 있어서 아름다움과 나이, 돈이나 지적 능력을 고려해서는 안 된다. 배우자를 선택하는 절차를 소개하면 이렇다.

첫째, 하나님의 인도하심을 자주 기대하라.
둘째, 주님의 인도하심을 기꺼이 따르는 것을 진정한 목표로 삼아라.
셋째, 무엇보다 의심의 그림자를 걷어낸 진정한 경건을

인생의 반려자가 될 그리스도인의 중요한 필수 자격으로 간주하라.

그렇지만 그 밖의 다른 것들과도 잘 어울리는지 차분하게 인내하면서 확인하지 않으면 안 된다. 예를 들면, 교양 있는 사람이 그렇지 못한 상대를 선택하는 것은 바람직하다고 볼 수 없다. 사랑으로 그런 결점을 적절하게 덮어줄 수도 있겠지만, 그것이 자녀들에게 그리 행복한 일일 수 없다.

PART
5

하나님이
일하시는 방식

하나님은 가장 좋은 순간에
그분의 방식대로 분명히 응답하신다.

George Muller Proverbs

하나님 방식의 재정

하나님의 사역을 수행하기 위해서는 재정을 확보하는 것만으로는 아무래도 부족하다. 무엇보다 하나님의 방식으로 재정을 확보하는 게 중요하다.

비그리스도인들에게 재정적인 도움을 요청하는 것은 하나님의 방식과 무관하다. 그리스도인들에게 후원을 강요하는 것 역시 하나님의 방식이 아니기는 마찬가지이다.

하나님의 사역에 기여할 수 있도록 의무와 특권을 반드시 알아야 한다. 하지만 이를 위해 간절한 기도와 믿음의 기도가 뒤따를 때, 결국 바람직한 결과를 얻을 수 있다.

먼저
감사하라

나는 고아원을 건립하면서 다양한 분야에서 필요한 협력자와 지원자를 놓고 하루도 거르지 않고 기도했다.

초석을 놓기에 앞서 사역자들을 위해서 기도했고, 건축이 진행되는 동안 하루도 거르지 않고 이 과정을 주님 앞에 내려놓았다. 다른 모든 일이 그랬던 것처럼 이 특별한 상황 역시 하나님이 은혜롭게 손수 도와주신다고 확신했다. 이 모든 사역이 그분의 명예와 영광을 위한 것이기 때문이다.

마침내 고아원을 개원할 날이 다가오고, 산적한 업무의 처리를 위해서 이미 두 해 전부터 서면으로 제출받은 지원서를 검토하게 되었다.

그런데 지원자들은 이미 결혼을 했거나, 아니면 자격을 갖추지 않았다. 이 일은 믿음에 적잖은 도전을 주었다. 나는 하루도 거르지 않고 몇 해 동안 이 막중한 문제를 놓고 기도

1834년부터 시작된 뮬러의 고아원은 믿음의 원리, 곧 하나님만 전적으로 의지하는 시스템에 의해서 운영되었다. 사진은 뮬러의 고아원을 소개하는 신문기사.

하면서 하나님의 도움을 기대했다.

그런데 이런저런 생각이 많았다. 분명히 도와주신다는 확신에도 불구하고 필요한 순간에 그 일이 이뤄지지 않는다면 어떻게 해야 할까? 하나님은 성실한 분이 아니라고 비난해야 할까? 기도해도 소용이 없다고 말해야 할까?

하지만 절대 그럴 수 없다. 그래서 오히려 이렇게 행동했다. 고아원 사역의 전반적인 확장과 관련해서 하나님이 베풀어주신 모든 은총에 감사했다. 온갖 어려움을 극복하게 해주신 것에 감사했다. 두 번째 새로운 고아원에 필요한 협력자들을 보내주신 것에 감사했다. 세 번째 고아원을 위해서 이미 보내주신 협력자들에 대해서도 역시 감사했다.

나는 하나님을 계속 신뢰하면서 충분한 기도의 응답이 지연되는 것을 믿음에 대한 시험으로 받아들였다. 여러 해 동안 날마다 실천했듯이 하루에 한 번씩 아내와 이 문제를 놓고 기도하는 대신 이제는 매일 세 번씩 하나님께 간구하기로 결심했다.

기도제목을 하루에 세 번씩 하나님께 부르짖으면서 사 개월 이상 계속 기도했다. 그러자 협력자들이 한 사람씩 도착했다. 부족한 일손 역시 정말 필요한 순간에 확보하게 될 것이라고 확신할 수 있었다.

제아무리 다양한 크고 작은 문제에 직면하더라도 낙심하지 않고 주님의 도움을 기대하고 신뢰하면서 기도에 전념하는 게 중요하다. 그러면 하나님은 가장 좋은 순간에 그분의 방식대로 분명히 응답하신다.

사역을 위하여

　성경은 실제로 '모든 것'을 바치라고 요구한다. 그렇지만 일반적인 의미에서 이 '모든 것'을 '무엇이든지'로 축소하여 해석하고 있는 것은 아닌지 정말 걱정스럽다.

　우리는 율법 아래에 있는 게 아니다. 그렇다고 우리의 순종이 부족하다거나, 혹은 우리가 풍성하게 바치지 않아도 된다는 의미도 아니다. 오히려 그것은 율법이 요구하는 모든 것을 충족시키고 난 이후에도, 율법이 요구하는 그 이상, 새롭게 온 마음을 바치면서 즐거워한다는 의미가 아닐까? 주님의 사역을 위해서 더욱 더 풍성해지자.

오직 성령에게 영광을

그때(1859년) 이후, 하나님의 영이 강력하게 역사하기 시작했다. 돌이키는 영혼들이 급격하게 늘어났다. 그들 중에 누군가 영적인 불을 다른 곳으로 옮겨갔다. 도처에 하나님의 놀라운 역사가 번져나갔다. 성령의 역사는 그렇게 시작되었고, 수많은 이들이 회심했다.

1859년에 이 불이 어떻게 아일랜드와 영국, 그리고 웨일즈와 스코틀랜드까지 퍼져 나갔는지, 아일랜드에서 처음 시작된 이 복된 역사가 1874년까지 유럽에서 어떻게 지속되었는지 기억하는 이들이 있을 것이다.

이 영광은 어떤 통로가 된 자들이 아니라 오직 성령에게 돌리는 게 마땅하다. 이 사건을 소개한 것은 믿음으로 기도하는 자녀들에게 하나님이 얼마나 풍성하게 응답하시는지 확인할 수 있도록 하기 위함이다.

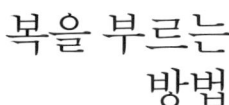

복을 부르는
방법

사람이나 상황이나 자신의 어떤 능력을 찾기에 앞서 무엇보다 먼저 하나님을 신뢰하면, 진정으로 하나님을 믿기만 하면 필요한 여러 가지 것들을 얻을 수 있다.

필요를 채우는 것은 상황이나, 저절로 머릿속에 떠오르는 생각이나, 과거에 기부해 준 손길이 아니다. 오로지 하나님께 달려 있다. 이것이 바로 복을 부르는 방법이다.

우리가 입으로는 그 누구보다 하나님을 신뢰한다고 하면서 실제 삶에서 실천하지 않으면 하나님은 우리의 불신을 일깨우고, 그러면 당연히 실패를 경험할 수밖에 없다. 반면에 우리가 주님을 진심으로 신뢰하면 도움을 받을 수 있다.

이전에 주 예수 안에 있는 믿음의 사람들에게 여러 차례 이것에 관해 언급했다. 걱정거리를 하나님께 내려놓고 언제나 그분을 신뢰하도록 격려했다. 그럼에도 불구하고 대부분이 도움이 필요한 간단한 현실적인 필요를 내려놓지 못하는 지금의 모습을 돌아보면 너무 슬프다.

  살아계신 하나님이 더 이상 살아계신 하나님이 아닌 것처럼 생각하거나, 아니면 과거의 사람들은 기도응답을 기대할 수 있었지만 지금은 불가능하거나 한 것처럼 여긴다. 정말이지 안타까운 일이다.

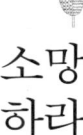

소망
하라

    내 소망은 오로지 하나님 한 분 이외에는 없다. 나는 광신자가 아니다. 본디 나는 냉정하고 차분하고 계산적인 사람이었다. 그렇기 때문에 내가 지금껏 겪어 온 문제들을 인간적인 시선으로 바라보았다면 이미 포기하고 말았을 것이다. 하지만 이 고아원 사역을 시작한 이후 나는 언제나 믿음으로 생각하게 되었다.

나는 하나님 안에서 소망의 끈을 놓지 않을 것이다.
응답을 받을 때까지 포기하지 않고
거듭 기도할 것이다

강력하게
역사하심

고아들의 영적 상태는 마음을 울적하게 만들 정도였다. 그들 중에서 영혼에 관하여 진지하게 생각하고 구원을 위해 주 예수의 구속적 죽음을 의지하는 경우를 거의 찾아볼 수 없었다.

우리는 안타까워서 동역자들에게 주님께서 어린이들의 영혼에게 복을 내리시도록 간절한 기도를 부탁했다. 이것은 전체 기도회에서 진행될 일이었지만, 나는 개인기도 시간에도 이에 대해 놓고 기도하지 않으면 안 된다고 생각했다.

1872년, 우리의 전체 기도와 개인 기도의 응답이 나타났다. 고아들 사이에서 믿기 시작하는 숫자가 이전보다 훨씬 더 증가했다. 1872년 1월 8일이 되자, 주님이 어린이들에게 역사하기 시작하셨고, 이것은 이후에도 얼마간 계속되었다. 세 번째 고아원에서는 그런 일이 가장 적게 일어났지만, 천

연두가 발행하면서 주님의 손이 강력하게 역사하였다. 그때 이후 그 고아원에서 성령의 역사를 실감할 수 있었다.

1872년 7월 말경, 나는 다섯 곳의 고아원에서 보고를 받았다. 봉사자들의 보고에 따르면, 자세하게 관찰하고 대화해보니 우리가 돌보는 고아 중 729명이 그리스도인이 되었다고 믿을 만한 충분한 근거가 있었다.

거듭난 고아들의 숫자는 그 어느 때보다 훨씬 더 많았고, 그래서 우리는 주님을 경배하고 찬양했다.

언약을 허락하신
하나님

내가 처음으로 하나님께 모든 것을 맡기고 의지하면서 말씀을 따랐을 때, 그리고 50년 전에 그분께 내 자신과 가족과 세금과 여행 경비와 필요한 모든 것들을 전적으로 맡겼을 때 내가 의지한 것은 마태복음(6:25-34)에 기록된 언약이었다. 나는 그 말씀을 믿었고, 의지했고, 그대로 실천했다.

나는 하나님께 그분의 말씀을 가져갔다. 영국에 전혀 연고가 없는 이방인이었던 나는 일곱 개의 언어를 구사할 수 있었기 때문에 어쩌면 일자리를 구하는 데 그것들을 활용할 수도 있었지만, 주님의 사업에 모두 바쳤다. 언약을 허락하신 하나님을 신뢰했다. 그러자 그분은 자신의 말씀대로 행하셨다.

나는 부족하지 않았다. 조금도 부족함이 없었다. 시련과 어려움을 겪었고, 돈 한 푼 없을 때도 있었지만 51년 간 내가 사용한 자금은 일일이 헤아릴 수 없을 정도로 많았다.

지난 51년 간 목회 사역을 감당하면서 나는 어려움과 시련과 곤란을 수없이 겪었다. 한순간도 어렵지 않거나 시련이 찾아오지 않을 때가 없었다. 그럼에도 하나님은 그것들을 감당하게 하셨고, 그 영향에서 벗어나게 하셨다. 지금은 어려움이 사라졌다.

몇몇 사람들이 말하듯이, 내가 대단한 정신력의 소유자거나 열정과 인내를 타고난 사람이기 때문에 가능했던 것은 아니다. 그렇다면 모두 터무니없는 주장이다. 그 비밀은 하나님에 대한 믿음에 있다. 나는 하나님께 간구했다. 그러자 하나님이 수많은 학교들과 직원들을 보살피셨다.

PART
6

성경,
하나님의 말씀

하나님의 말씀은 우리가 소유한

단 하나의 기준이다

George Muller Proverbs

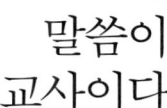

말씀이
교사이다

하나님의 말씀은 우리가 소유한 단 하나의 기준이다.
성령은 우리를 위한 유일한 교사이다.
성경은 언제나 유일한 책이자 최고의 책이어야 한다.
성경 이외에도 이론적으로는 물론, 실제로 내적 성장을 도울 수 있는 유용한 책들이 적지 않다. 하지만 조심스레 선택해서 읽어야 한다. 그리고 그것들에 지나치게 빠져들지 않도록 신경을 써야 한다. 하나님의 말씀으로 족하기 때문이다.

진정한 가치,
깨달음

 오직 하나님의 말씀이 영적인 문제를 판단하는 기준이다. 성령님께서만 그 말씀을 설명하신다. 성령님은 과거뿐 아니라 오늘날에도 우리를 위한 교사이시다.

 나는 그때까지 성령님의 사역을 경험으로 이해하지 못했다. 삼위일체라고 흔히 부르는 각각의 위격을 경험으로 이해하지 못한 것이다.

 과거에 성경을 읽으면서도 아버지가 나를 창조 이전부터 선택하셨다는 사실을 깨닫지 못했다. 그리고 그분에게서 우리의 구속이라는 놀라운 계획이 비롯되었고, 구속에 필요한 일체의 수단을 마련해 두었다는 사실 역시 알지 못했다.

 성자 예수님이 우리를 구원하실 목적으로 율법의 요구와 하나님의 거룩하심을 한꺼번에 만족시키려고 율법을 성취하셨다는 사실을 몰랐다. 그리고 성령님만 우리의 본성에 관해서 일러주시고, 구세주가 필요하다는 사실을 일깨워주시고, 그리스도를 믿게 하시고, 성경을 설명해 주시고, 설교를 할 수 있도록 도와주신다는 사실도 모르고 있었다.

특별히 후자의 사실을 이해하고 상당한 변화를 겪었다. 주님은 나로 하여금 여러 가지 주석들과 그 밖의 거의 모든 책을 한 쪽에 밀어두고, 오직 하나님의 말씀을 읽고 연구함으로써 설교하는 시험을 치를 수 있게 하셨다.

덕분에 방에 들어가서 기도하고 성경을 묵상한 지 몇 시간이 되지 않았지만, 과거 몇 개월 동안에 배운 것보다 더 많은 양을 배울 수 있었다. 특이하게도 그렇게 함으로써 내 영혼은 진정한 능력을 얻게 되었다.

이제 나는 내가 배우고 목격한 내용을 성경의 시험을 거치게 하고 있다. 그 시험에 통과한 것들만 진정으로 가치가 있다는 것을 깨달았다.

사소하거나
중요하거나

언제든지 하나님의 뜻을 알 수 있다면 지금의 우리 모습은 얼마나 달라져 있을까? 그러니 누구든지 하나님의 속마음을 헤아리려고 해보지만, 그것은 결코 간단한 일이 아니다. 나는 하나님의 뜻을 알고, 순종하고자 하는 이에게 내가 알고 있는 방법을 소개하려고 한다.

첫째, 무엇보다 먼저 당면한 문제에 관해서 마음을 비운다. 대부분의 문제는 마음을 비우고 하나님의 뜻을 따르려고 하는 순간에 해결되기 마련이다. 마음을 비우기만 하면 하나님은 분명히 우리에게 당신의 뜻을 일러주신다.

둘째, 그 다음에 그 결과를 감정이나 생각에 맡기지 않는다. 그랬다가는 미혹될 수 있기 때문이다.

셋째, 계속해서 성령님의 뜻이 무엇인지 확인한다. 성령님과 말씀은 서로 연결되어 있다. 말씀 없이 성령님을 바라보면 커다란 미혹에 빠질 수 있다.

넷째, 상황을 통해서 인도하는 하나님의 섭리를 바라본다. 하나님은 말씀과 성령님과 더불어 상황을 통해서 자신의 뜻을 드러내신다.

다섯째, 하나님의 뜻을 알려주시기를 하나님께 기도한다.

여섯째, 이렇게 하나님께 기도하고 말씀을 연구하고 묵상함으로써 내 지식과 능력을 다해서 지혜로운 판단을 하게 된다. 두세 번 기도해서 마음이 계속 평안하면 그 즉시 실천에 옮긴다. 문제가 사소하거나 중요하거나 모두 이런 방법을 활용한다.

모든 것을
맡겨야 한다

믿음의 성장을 기대하고 있다면 무엇보다 일차적으로 성경을 읽고 묵상해야 한다. 우리가 하나님을 알 수 있는 방법은 기도와 말씀의 묵상이다. 그리고 바른 생각과 선한 양심을 지니려고 힘써야 한다.

자신의 믿음이 시험을 겪고 흔들릴 때는 거꾸로 그것을 기회로 삼는 게 중요하다. 그러면 그와 같은 시련 덕분에 더욱 강해질 수 있다. 우리의 믿음이 시험을 겪게 되면 스스로 문제를 해결하려고 애쓰지 말고 모든 것을 하나님께 맡겨야 한다.

말씀이 이끌어 가는 것처럼

적어도 10년 동안 줄곧 아침에 옷을 갈아입을 때 습관처럼 반드시 기도했다. 그때마다 하나님의 말씀을 읽는 게 무엇보다 중요한 일이라는 사실을 매번 절감할 수 있었다.

말씀을 묵상함으로써 하나님께서 주시는 진정한 위로와 용기, 경계와 책망을 받을 수 있었다. 그리고 묵상하는 동안에 내 마음은 주님과 교제할 수 있었다.

이른 아침에 하나님의 말씀을 처음부터 묵상하기 시작했다. 주님의 귀한 말씀에 의지해서 몇 마디 복을 구하고 나서 가장 먼저 하나님의 말씀을 묵상했다. 말씀을 통해 축복을 얻으려고 성경구절을 샅샅이 살폈다.

그것은 말씀을 전하기 위함이 아니었다. 설교를 목적으로 한 것이 아니었다. 내가 묵상한 내용을 소개하기 위함도 아니었다. 내 영혼에 필요한 양식을 구하기 위함이었다.

그럴 때마다 거의 예외 없이 동일한 경험을 할 수 있었다. 몇 분이 채 지나지 않아서 내 영혼은 고백하거나 감사하거나 중보하거나 간절히 간구하였다.

처음부터 기도를 시작하지는 않았지만, 묵상은 거의 즉각적으로 기도로 바뀌었다. 계속해서 잠시 고백하고, 중보하고, 혹은 간구하거나 감사하고 난 뒤에 다음 낱말이나 구절로 넘어갔다. 그러면 말씀이 이끌어 가는 것처럼 내 자신이나 다른 이들을 위한 기도로 완전히 뒤바뀐다.

하지만 묵상의 목적은 여전히 내 영혼에 필요한 양식을 구하는 것이다. 묵상을 하면 늘 상당한 양의 고백을 하게 되고 영양을 공급받고 힘을 얻는다.

그렇게 해서 아침식사를 할 때쯤에는 본래의 기분과 상관없이 즐거운 상태가 된다. 내가 묵상한 말씀이 공적 사역을 위한 게 아니라 나의 속사람을 위한 것이었음에도 불구하고 주님은 그것이 다른 그리스도인들을 위한 양식이 될 수 있다는 것을 얼마 지나지 않아서 기쁘게 일러주신다.

묵상에 도움이 되는 하나님의 말씀을 소개한다.

복 있는 사람은…오직 여호와의 율법을 즐거워하여 그의 율법

을 주야로 묵상하는도다 (시 1:1-2)

어머니가 자식을 위로함 같이 내가 너희를 위로할 것인즉 너희가 예루살렘에서 위로를 받으리니 (사 66:13)

너는 여호와를 기다릴지어다 강하고 담대하며 여호와를 기다릴지어다 (시 27:14)

너희도 아는 바와 같이 우리가 너희 각 사람에게 아버지가 자기 자녀에게 하듯 권면하고 위로하고 경계하노니 (살전 2:11)

말씀을 통해 축복을 얻으려고 성경구절을 샅샅이 살폈다.
말씀을 전하기 위함도, 설교를 목적으로 한 것도 아니었다.
묵상한 내용을 소개하기 위함도 아니었다.
내 영혼에 필요한 양식을 구하기 위함이었다.

어떤 난관이 닥쳐와도

성경에서 제시하고 있는 원리는 사업상의 어떤 난관이나 어려운 세상의 일을 극복하는 데 적극적으로 활용할 수 있다. 하나님의 자녀들은 이 세상에서 이방인이고, 또 동시에 순례자이다. 따라서 여기 이 세상이 우리의 집이 아니기 때문에 세상에서 겪는 난관을 당연하게 받아들여야 한다.

주님은 말씀을 통해서 우리가 이런 어려움 속에서도 마침내 승리를 거두게 될 것이라고 약속하셨다. 하나님의 말씀에 철저히 순종해서 살아가노라면 어떤 난관이 닥쳐도 모두 이겨낼 수 있다.

사실과
다르다는 것

나는 특정 형태의 설교가, 소박한 시골 사람들에게는 효과적일 수 있지만 지식인으로 도시의 성도들에게는 받아들이기 힘들 수 있다는 생각을 하게 되었다.

어떤 대가를 치르더라도 진리는 선포되어야 한다. 그렇더라도 성도에게 알맞게 각기 다른 형태로 전달해야 한다는 사실을 알게 된 것이다.

언젠가 어떤 방식으로 설교를 해야 할지 결정하지 못한 채 망설인 적이 있었다. 성령의 역사를 미처 깨닫지 못하던 나는 그분 앞에서 인간의 무능함을 인정하지 못했다. 더구나 성도들 중에서 누구보다 무식한 사람이 나의 설교를 이해할 수 있다면 지식인들도 설교를 이해할 수 있다는 사실, 그리고 그의 반대라고 해도 역시 사실과 다르다는 것을 제대로 깨닫지 못했다.

속사람에게
필요한 양식

주님은 내가 잊어버렸던 한 가지 진리를 기쁘게 일깨워주셨다. 핵심은, 내 영혼이 매일 주님과 함께하는 시간을 가장 중요하게 여겨야 하는 것이었다.

얼마나 주님을 섬기고, 얼마나 주님께 영광을 돌리는 지는 중요한 게 아니었다. 내 영혼이 행복을 유지하는 일과 나의 속사람을 성장하게 하는 일이 중요했다.

회심을 하지 않은 이에게 부지런히 진리를 전하고, 성도들을 돕는 일에 힘쓰며 하나님의 자녀로 행동하는 일에 힘쓸 수 있다. 하지만 주님 안에서 즐거워하지 않고, 날마다 속사람을 키우지 않으면 이 모든 일은 바르게 진행될 수 없다.

내가 깨달음을 얻기 이전과 이후를 비교하면 이렇다. 전에는 잠자리에서 일어나면 가능한 한 가장 먼저 기도하기 시작해서 식사하기 전까지 거의 대부분의 시간을 기도하면서 보냈다. 거의 모든 일을 기도로 시작했다. 위로와 격려와 겸손한 마음을 얻기 전에 15분이나 1시간 정도 무릎을 꿇거나, 아니면 10분에서 15분, 심지어 30분까지 마음의 갈피를 잡지 못하다가 겨우 기도를 시작했다.

이제 나는 어려움을 겪지 않는다. 내 마음이 진리에서 양식을 얻고, 하나님과 진정한 교제를 나누고 있기 때문이다. 하나님이 귀한 말씀을 통해서 일러주신 내용을 가지고 내 아버지, 내 막역한 벗과 대화를 나눈다.

나는 더 일찍 이것을 깨닫지 못한 것 때문에 종종 놀랄 때가 있다. 어느 책도 그것을 설명해 주지 않았다. 목회를 하면서도 그 문제를 접하지 못했다. 어떤 가까운 형제도 이것을 일깨워주지 않았다. 그렇지만 이제 하나님 덕분에 하나님의 자녀가 속사람에게 필요한 양식을 얻기 위해서 아침마다 해야 할 첫 번째 일을 분명히 알게 되었다.

속사람에게 필요한 음식은 기도가 아니라 하나님의 말씀이다. 그렇지만 하나님의 말씀을 그저 읽기만 하는 것은 물이 수도관을 통과하듯이 우리의 마음을 지나칠 뿐이다. 우리가 읽는 것을 자세히 살피고, 숙고하고, 우리의 마음에 그것을 적용해야 한다.

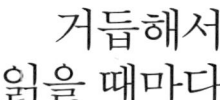

거듭해서
읽을 때마다

영적인 기쁨을 유지할 수 있는 길이 하나 있다. 성경을 규칙적으로 읽는 것이다. 성경은 우리의 속사람을 양육하는 하나님의 정하신 방법이다. 성경을 차례대로 규칙적으로 읽어야 한다. 이리저리 옮겨 다니며 마음에 드는 곳만 읽으면 안 된다. 그렇게 하면 영적인 앉은뱅이가 될 수밖에 없다.

내가 회심하고 나서 처음 4년 동안 영적인 성장이 없었다는 것을 말하고 싶다. 이유는 성경 읽는 것을 게을리 했기 때문이다. 그러나 성경 전체를 규칙적으로 읽어 내려가자 영적으로 몰라보게 성장했다는 것을 말할 수 있다. 돌아보면 지난 47년 동안 내 마음에는 평화와 기쁨이 충만했었다. 성경을 100번 정도 통독했고, 거듭해서 읽을 때 마다 내 영혼은 신선해졌으며, 평안과 기쁨이 날마다 더 커졌다.

… PART 7

그리스도인의 삶

강한 믿음을 소유하고 싶다면 믿음을
연단할 수 있는 기회를 회피해서는 안 된다

George Muller Proverbs

빚지지 않는다

전체 동역자들과 공식 모임에서 새로운 조직을 설립하기 위해서 다음과 같은 근본적인 취지와 원칙을 공개적으로 발표했다.

첫째, 모든 그리스도인의 의무와 특권은 주님의 기대하심과 사역을 돕는 것이다.

둘째, 세상의 도움을 구하거나 의지하거나 바라지 않는다.

셋째, 조직의 사역을 유지하거나 수행함에 있어서 비그리스도인에게 재정적인 도움을 요구하거나 기대하지 않는다.

넷째, 주님의 사역을 수행함에 있어서 어떤 이유로도 빚지지 않는다.

다섯째, 성공의 기준은 숫자나 재정이 되어서는 안 된다.

여섯째, 진리를 가지고 타협을 하거나 하나님의 증거를 훼손하는 것은 무엇이든지 피한다.

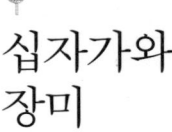

십자가와
장미

그리스도인은 흔히 볼 수 있는 벌처럼 모든 꽃에서 꿀을 취할 수 있다. 촛불을 끄는 기구에 양각으로 글이 새겨진 것을 본 적이 있다.

마음, 그 밑에 십자가가 있고, 다시 그 밑에 장미가 있다.

이 문장에 담겨 있는 의미는 분명하다. 잠시 마음으로 십자가를 지게 되면 나중에 무엇보다 아름답고 향기로운 장미를 만날 수 있다는 것이다.

고통은
하나님께 닥친 것

이따금씩 목회의 어려움이 안겨주는 슬픔과 좌절 덕분에 쓰러지기 직전까지 간 적도 있었다. 그럴 때마다 나는 전능한 하나님의 능력과 변함없는 사랑, 한없는 지혜를 신뢰하면서 커다란 위로를 받았다.

나는 혼자서 중얼거렸다.

"하나님은 모든 것을 주실 수 있을 뿐 아니라 기꺼이 그렇게 하실 것이다."

사도 바울의 생각 역시 이러한 나의 생각과 크게 다르지 않았다.

> 자기 아들을 아끼지 아니하시고 우리 모든 사람을 위하여 내주신 이가 어찌 그 아들과 함께 모든 것을 우리에게 주시지 아니하겠느냐 (롬 8:32)

이 약속의 말씀은 내 영혼에 평안을 안겨주었다. 경제적인 어려움보다 훨씬 더 심각한 시련이 닥쳤을 때, 고아원의 아이들이 끼니를 제대로 못 먹고 학대를 받고 있다는 소문이 퍼졌을 때, 혹은 감당하기 어려운 시련들이 닥칠 때, 그리고 내가 한동안 브리스톨(Bristo)[2]에서 멀리 떠나 있을 때 나의 영혼은 주님의 곁에서 머물렀다.

나는 하나님의 약속을 믿었고, 내 영혼을 하나님 앞에 내려놓았다. 나는 평안하게 무릎을 펴고서 일어날 수 있었다. 그런 고통은 내가 아니라 하나님께 닥친 것이었기 때문이다. 이처럼 주님을 의지하는 것은 내게만 주어진 특별한 선물이 아니고, 여러분을 비롯한 다른 모든 성도 역시 동일하게 기대할 수 있다.

---

[2] 애슐리 다운 고아원이 있었던 영국의 도시

물질,
하나님을 위하여

하나님을 위해서 사용해야 할 물질을 관리하는 방법은 생각보다 아주 간단하다. 여러 가지 측면을 고려해 볼 때 무엇보다 좋은 방법은 노트를 만들어서 한 쪽에는 하나님을 위해서 사용할 항목을 기록하는 것이다.

가령, 가난한 이들을 위해서나, 혹은 다른 구제나 종교적인 목적을 위해서 지출해야 할 금액을 낱낱이 기록한다. 나머지 한 쪽에는 실제로 지출한 금액을 빠짐없이 기록해야 한다. 때때로 양쪽의 금액이 동일할 수도 있다.

일단 하나님을 위해서 사용하기로 결정한 금액은 반드시 하나님을 위해서 사용해야 한다. 그렇지 않으면 하나님을 조롱하는 것과 다르지 않다. 그러면 하나님의 복이 아니라 저주가 임할 수 있다. 그러니 주님의 말씀처럼 "하나님의 것은 하나님께 바치라"(막 12:17)

그리스도인의 삶 149

시험을
겪을 때

시련이 닥칠 때마다 우리는 주님을 의지하고 도움을 받아서 믿음이 자라나거나, 아니면 그분을 신뢰하지 않는 바람에 믿음이 식어버리게 된다. 이럴 때 자신을 의존하는 버릇을 물리칠 수 있다. 그와는 정반대로 자신을 내세울 수 있다.

우리가 주님을 신뢰하면 자신이나 동료나 상황이나, 그밖에 어느 것도 의지하지 않게 된다. 그런 것들을 의지하면 주님을 신뢰하는 게 아니다.

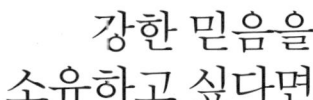

강한 믿음을
소유하고 싶다면

무엇보다 말씀을 조심스레 읽고 묵상해야 한다. 그렇게 함으로써 믿는 이들은 하나님의 성품과 인격을 알게 된다. 하나님의 거룩하심과 정의는 물론이고 하나님 아버지의 자비와 사랑, 은혜와 전능한 힘, 그리고 지혜와 신의가 얼마나 큰 지 깨닫게 된다.

그러면 가난함과 고난과 사랑하는 이와의 사별, 봉사의 어려움, 그리고 재정적인 어려움을 당할 때 하나님이 도와주시는 능력을 의지할 수 있다.

우리는 말씀을 통해서 하나님이 전능하시고, 지혜가 무한하시고, 자녀들을 기꺼이 도와주신다는 것을 배운다. 하나님의 말씀을 읽고 묵상하는 것은 믿음을 강하게 만드는 데 무엇보다 좋은 방법이다.

올바른 마음과 생각을 유지하고, 주님의 뜻을 거스르는

일에 발을 들여놓아서는 안 된다. 주님을 슬프게 하고, 하나님의 영광과 존귀하심을 벗어나면서 어떻게 믿음의 생활을 계속할 수 있을까?

양심에 어긋나고 죄를 짓는 생활을 계속하게 되면 시련이 닥쳐올 때 주님을 신뢰하거나 의지하는 것은 불가능해진다. 죄책감을 느껴서 주님을 신뢰하지 못하면 믿음은 약해지기 마련이다.

일차적으로 강한 믿음을 소유하고 싶다면 믿음을 연단할 수 있는 기회를 회피해서는 안 된다. 믿음의 연단을 받아야 할 처지에 놓이면 놓일수록 주님의 도움과 인도하심을 목격할 수 있는 기회를 그만큼 더 자주 가질 수 있다.

주님이 도움을 베푸시고 인도하시는 새로운 경험을 할 때마다 나와 여러분의 믿음은 성장한다. 믿는 이들은 믿음의 연단을 받을 상황이나 처지를 피하지 말고, 하나님이 도와주시고 구원의 손길을 뻗으시는 것을 볼 수 있는 기회를 기꺼이 붙잡아야 한다. 그럴 때 믿음은 강해진다.

믿음을 강화하는 데 있어서 반드시 주목해야 할 사실은, 하나님이 우리를 대신해서 나서게 해야지 우리가 직접 스스로 구원하려고 노력해서는 안 된다.

믿음의 시련이 찾아오면 자연히 하나님을 불신하고 친구나 주변의 상황을 신뢰하려고 하는 경향을 드러낸다. 단순히 하나님을 바라보고 그분의 도움을 기다리기보다는 스스로 벗어나려고 한다. 인내하면서 주님의 도움을 기다리지 않거나 직접 벗어나고자 하면 나중에 또다시 믿음의 시련이 찾아오면 같은 문제에 직면하게 된다.

그러면 또다시 자신의 힘을 의지해서 벗어나려고 하고, 그럴 때마다 믿음은 식어갈 것이다. 반대로 하나님의 구원의 손길을 두 눈으로 확인하기 위해서 오직 그분을 신뢰하고 굳게 서면 믿음이 자라게 된다.

진실로 의지하고
바라보는지

두 가지 일을 찬찬히 살펴보자. 공적인 모임과 보고서 발간을 연기한 것은 하나님을 위한 일이었다.

그렇지만 하나님의 길은, 보는 것이나 느끼는 것과 관련이 되어 있는 한 언제든지 시험으로 이어지기 마련이다. 본성은 늘 하나님의 방식으로 시험을 받는다.

주님은 이 가난을 통해서 이렇게 말씀하셨다.

"이제 네가 나를 진실로 의지하고 바라보는지 확인하고 싶다."

내가 이런 식으로 살기 시작한 이후로 1841년 12월 12일부터 1842년 4월 12일까지 4개월 동안 크게 시험을 받은 적이 없었다. 하지만 조금 더 살펴보자.

우리는 지금도 공적 모임과 보고서 발간에 대한 생각을 바꿀 수 있다. 지금까지 누구도 이 문제에 대해서 우리가 내린 결정을 알지 못하기 때문이다.

반면에 적지 않은 하나님의 자녀들이 큰 기쁨을 가지고서 더 자세한 내용을 듣고 싶어 한다는 사실 역시 익히 알고 있었다.

그럼에도 불구하고 주님은 우리가 자신의 인도를 따라서 내린 결정을 그대로 따르게 하셨다.

복을 누릴
뿐만 아니라

주님은 자신의 영광스런 이름과 그 이름을 부르는 이들의 유익을 위해서 믿음을 허락하신다. 그리고 믿음의 시험을 통과할 때 하나님을 굳게 확신하면 그분을 더 잘 알게 되어서 영혼이 복을 누릴 뿐 아니라 실천을 통해서 믿음이 강해진다.

정직한 마음으로 하나님과 동행하면 믿음의 시험은 훨씬 더 강력해진다. 시험을 겪는 것은 교회의 유익을 위함이다. 따라서 궁핍한 순간에 재물을 신뢰하면 그 사역의 일차적인 목적은 철저하게 좌절하고, 그 누구도 하나님에 대한 신뢰를 강화할 수 없다.

그리고 그때까지 사역을 통해서 아주 쉽게 접할 수 있어서 비그리스도인들조차 마침내 하나님께 속한 것들의 실체를 접하고, 그것을 기록한 내용을 읽고서 많은 사람들이 회심하게 만든 하나님의 특별한 섭리도 더 이상 나타나지 않을 것이다.

이런 이유 때문에 우리는 재물을 의지하거나 어려운 때에 친구들에게서 돈을 빌리는 대신 계속해서 주님을 바라보는 것을 귀중한 특권으로 여기고 있다.

아침마다 그날 사역에 필요한 것이 수중에 없더라도 하나님이 은혜를 베푸시기 때문에 그분만 바라본다. 우리는 식사 때마다 오로지 그분만 의지한다.

지금껏(1845년) 10년 동안 고아들을 먹이신 분, 그 고아들로 하여금 궁핍함이 주는 고통을 겪지 않게 하신 분, 그리고 지금껏 12년 동안 사역의 어느 한 부분도 달리 그만둘 필요 없이 수행하게 하신 그분은 앞으로도 여전히 그렇게 하실 것이다.

그래서 나는 나의 전적인 무능함과 하나님에 대한 신뢰를 철저하게 의식하면서 하루도 거르지 않고 우리의 공급을 주님께 의지했음에도 불구하고, 심지어 끼니마다 그렇게 했음에도 불구하고, 하나님의 은혜 덕분에 내 영혼이 평강을 유지해 왔다는 것을 고백하고 싶다.

배상을
실천하라

 배상은 계시된 하나님의 뜻이다. 만일 우리가 배상을 할 수 있는 능력을 지니고 있음에도 불구하고 그것을 실행하지 않으면 양심에 죄책이 남고, 영적 진보를 이루는 데 도움이 되지 않을 것이다. 어려움과 자기 부인, 그리고 커다란 손실이 뒤따르더라도 배상은 반드시 해야만 한다.

 만일 배상을 받아야 할 당사자가 이미 세상을 떠났다면 상속자를 찾아야 한다. 그게 가능하다면 그들에게 배상을 해야 한다. 그런데 그렇게 할 수 없는 경우가 있을 수 있다. 그럴 때는 그 돈이 주님의 사역이나 가난한 이들을 위해서 사용될 수 있도록 주님께 드려야 한다.

 한마디를 더 덧붙이자면, 합법적인 채권자가 살아 있을 경우에 죄를 범한 사람이 그에게 자신의 죄를 털어놓을 만큼 담대함을 지니지 못할 경우가 있다. 그럴 경우에 가장 좋은 방법은 성경적이지는 않지만, 양심의 가책을 느끼면서 사는 것보다 이름을 구체적으로 밝히지 않고 돈을 갚는 편이 더 낫다.

50년 전에 자신의 영혼을 걱정하는 이를 만난 적이 있었다. 그는 주인의 밀가루 두 자루를 갈취했었다. 나는 과거의 주인에게 그 죄를 고백하고 배상하라고 충고했지만, 그는 따르지 않았다. 그렇게 해서 그는 내 말을 따를 때까지 20여 년 동안 마음의 평화를 누리지 못했다.

은혜의
보상

그리스도인들은 우리가 전적으로 은혜로 구원을 받기 때문에, 구원에 있어서 공로가 전적으로 배제된다는 사실을 실제로 기억하지 못한다.

그러나 은혜의 보상에 관한 한 장차 임할 세상에서는 여기의 그리스도인의 삶과 그리스도가 나타나실 날의 기쁨과 영광과는 밀접한 관계가 있다.

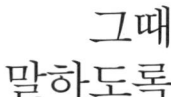

그때
말하도록

슈투트가르트(Stuttgart)³에 살고 있는 사랑하는 어느 형제는 하나님의 교회 안에 있으면서도 성령의 능력과 임재, 그리스도의 몸인 지체들을 섬기는 것에 관한 진리를 전혀 알지 못하고 있었다.

나는 그 교회의 형제들은 진정한 의미를 알지 못한 채 거짓으로 성령을 의지하고 있다고 말하면서 모임을 시작했다. 그런 모임들이 경건한 교화보다 무익한 대화의 기회가 되는 고통스런 결과라는 것을 익히 알고 있었다.

이 문제는 성령의 질서에 맡겨야 했고, 그것이 진정으로 그들에게 유익했기 때문에 주님은 나에게 그때 말하도록 인도하셨을 뿐 아니라 내가 말해야 할 주제들로 인도하셨다.

---

3 독일 남서부에 있는 도시

진리와
소명

 진리의 어떤 부분이 그리스도 안에서 부활한 우리의 존재, 또는 우리의 소명, 또는 예언과 연결된 가장 중요한 진리라고 하더라도 이런 진리의 부분을 지나치게 강조해서는 안 된다.

 만약 그러면 이런 진리의 부분을 부당하게 강조하여 그것을 두드러지게 만드는 사람들은 조만간 자신의 영혼을 잃을 것이며, 만일 그들이 교사라면 가르치는 대상들에게 해를 끼칠 것이다.

PART
8

베푸는 삶은 복되다

세상의 일이든,
아니면 영적인 일이든 간에
우리가 주인이 아닌 청지기의 모습을
유지하면서 봉사하는 게 중요하다

George Muller Proverbs

모두 한 가족이니

하나님의 자녀들에게는 서로 마음을 여는 게 중요하다. 마음이 냉랭해지거나 어떤 죄의 권세에 눌려있거나, 또는 특별한 어려움을 겪을 때는 특히 그렇다.

나는 경험을 통해서 죄의 권세 밑에 있을 때 마귀의 올무가 얼마나 자주 파고드는지, 확신을 품고 형제에게 마음을 열면 밤에 억눌리던 마음이 얼마나 자주 위로가 되는지, 얼마나 자주 조언을 듣고 또 얼마나 당황스러운지 알고 있다. 우리는 모두 한 가족이니 서로서로 돕는 게 마땅하다.

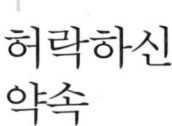

허락하신
약속

우리가 올바른 동기를 품고 다른 이들에게 물질을 베풀면 하나님은 반드시 우리에게 보답하신다. 우리가 대가를 바라지 않고 그렇게 하더라도 결과는 달라지지 않는다. 그것이 바로 하나님이 우리에게 허락하신 약속이다. 이런 사실은 다음의 성경구절을 확인하면 한층 더 분명해진다.

주라 그리하면 너희에게 줄 것이니 곧 후히 되어 누르고 흔들어 넘치도록 하여 너희에게 안겨 주리라 (눅 6:38)

가난한 자를 불쌍히 여기는 것은 여호와께 꾸어 드리는 것이니 그의 선행을 그에게 갚아 주시리라 (잠 19:17)

청지기

　세상의 일이든, 아니면 영적인 일이든 간에 우리가 주인이 아닌 청지기의 모습을 유지하면서 봉사하는 게 무엇보다 중요하다. 그러면 하나님은 우리를 영원한 자신의 청지기로 만들어주실 것이다.

　세상의 일이라고 해도 하나님을 위해서 청지기의 모습으로 봉사하는 이들은 반드시 하나님이 주시는 복을 받을 것이다.

　우리가 하나님을 사랑하는 마음으로 하나님이 맡겨주신 것에 청지기로서 충성을 다한다면, 이 세상과 다가오는 다음 세상에서 놀라운 복을 한껏 누릴 수 있다.

되돌아
보아라

 어느 날, 런던의 경건하고 너그러운 한 상인이 자선사업에 필요한 약간의 돈을 부탁하러 찾아온 신사를 만났다.

 신사는 매우 적은 금액을 기대하고 있었다. 상인이 선박의 일부를 잃는 바람에 막대한 손실을 입었다는 것을 알고 있었다. 그런데 자선사업에 필요한 예상 금액의 열 배 이상을 건네받았다.

 신사는 놀라움을 감추지 못했다. 상인에 대해 들은 사연을 알고 있다면서 거의 아무것도 받지 못할까 봐 걱정했다고 말했다. 그러면서 선박이 좌초했다는 게 사실인지 물었다. 상인은 대답했다.

 "사실입니다. 선박들이 좌초하는 바람에 막대한 손실을 입었습니다. 하지만 그 덕분에 많은 금액을 기부하는 것입니다. 재산을 모두 잃지 않도록 내가 맡은 청지기의 직분을 더 잘 감당해야 하기 때문입니다."

우리 재산의 상당 부분을 주님의 사역에 사용했음에도 불구하고 번창하던 사업, 장사, 직업 등이 갑자기 가라앉을 경우에는 어떻게 처신해야 할까? 나의 대답은 이렇다.

곤고한 날에는 되돌아 보아라 (전 7:14)

우리의 길을 깊이 돌아보는 것이 하나님의 뜻이다. 하나님이 어째서 이런 일을 우리에게 허락하시는지 특별한 이유가 있는 것은 아닌지 살펴야 한다.

그렇게 함으로써 우리는 자신의 부유함을 너무 지나치게 의지했고, 일을 성공적으로 완수하는 데 있어서 하나님의 손길을 충분히 빌리거나 제대로 인정하지 않았다는 것을 알 수 있다.

혹은 주님은 우리가 부유해지는 것을 기뻐하시지만 우리가 자신을 위해서 지나치게 많이 소비했고, 그렇게 함으로써 의도하지 않게 하나님의 복을 남용했을 수도 있다.

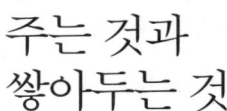
주는 것과
쌓아두는 것

만일 내가 재물을 그냥 쌓아두기만 했다면 주님은 더 이상 공급하지 않았을 것이다. 따라서 재물을 쌓는 능력은 외적인 능력에 불과하다고 믿을 만한 근거는 충분하다.

하나님을 의지한다고 하면서 미래의 필요를 걱정하고 재물을 쌓아두는 사람이 없도록 해야 한다. 그러지 않으면 주님은 더 많은 것들에 대해서 기도를 응답하시기 전에 그가 쌓아두고 있는 재물에게로 그 사람을 보내실 것이다.

우리는 말씀을 살펴보아야 한다.

흩어 구제하여도 더욱 부하게 되는 일이 있나니 과도히 아껴도 가난하게 될 뿐이니라 (잠 11:24)

여기서 '과도히'라는 표현에 조심스럽게 주목할 필요가

있다. 이 말씀은 모든 것을 아끼는 것을 가리켜서 말하는 게 아니다. 단지 '과도히'라고 말하고 있는 것이다. 즉, 누군가 구제하는 것이 구제할 수 있는 것과 구저해야 마땅한 것보다 너무나 적을 때, 그로 인해서 스스로 가난을 초래할 수 있다는 것이다.

더욱 더 깊숙이

　믿는 이들은 사랑과 감사의 강권함을 받음으로써 점점 더 자신들의 육신적, 정신적 건강, 시간, 은사, 재능, 재산, 지위, 신분, 그리고 모든 소유와 존재를 주님께 복종시킬 수 있도록 독생자를 주신 하나님의 은혜와 사랑, 그리고 우리를 위해 자신을 주신 주 예수님의 은혜와 사랑에 더욱 더 깊숙이 들어가도록 힘써야 한다.

　이는 그들이 사업이나 장사, 직업을 포기하고 설교자가 되어야 한다는 뜻이 아니다. 그들에게 구걸하는 첫 번째 거지에게 모든 돈을 주어야 한다는 뜻도 아니다. 오히려 그들은 주님을 위해 청지기로서 자신들이 소유하고 있는 것을 보유해야 하고, 그분의 명령에 따라서 기꺼이 자신들이 소유한 모든 부분을 그분을 위해서 사용해야 한다. 우리 그리스도인은 이것을 삶의 목적으로 삼아야 한다.

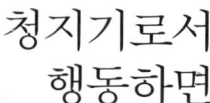

청지기로서
행동하면

 이 세상의 것이 되었든지, 아니면 영적인 것이 되었든지 간에 하나님이 어떤 방식을 활용해서 우리를 자신의 청지기로 삼으려고 하실 때, 만일 우리가 진실로 소유자가 아니라 청지기로서 행동하면 우리를 더 많은 것의 청지기로 삼는다는 게 하나님의 뜻이다.

 이 세상에 속한 것들을 상대로 청지기로 행동하는 사람들, 그리고 하나님의 사역과 가난한 사람들을 위해서 노력하는 이들에게 보상하시기를 기뻐하시는 주님이 그들을 마땅히 번성하게 하시지 않을까?

 그런데 만일 우리가 그리스도의 사랑의 강권함 때문에 하나님의 청지기의 삶을 살고 있다면, 우리가 이생에서와 장차 임할 세상에서 받을 영적인 복은 얼마나 더 크겠는가!

체계적으로 헌금하라

수입의 '가장 적은 금액이라도 정해서' 정기적으로 헌금하라. 하나님이 지혜와 은혜를 증가하여 주심에 따라서, 그리고 여러분을 번창케 하시기를 기뻐하심에 따라서 더 많이 드리라.

만일 '습관적인 헌금, 정기적인 헌금, 그리고 원칙과 성경적인 근거에 따라서 헌금하는 것'을 간과하고서 헌금하는 것을 감정이나 충동, 또는 특별한 상황에 맡긴다면 그대는 분명히 실패하고 말 것이다.

어느 사업가의 고백을 통해서 교훈을 얻을 필요가 있다.

"나는 매달, 손실을 대비해서 수익의 일부를 남겨두고, 많든 적든 간에 남은 돈의 십분의 일을 자선 목적을 위해서 남기고 나머지를 나와 가족을 위해서 사용하기로 했습니다. 더 나아가서 언제든지 점원을 고용하고 가게를 유지하는 데 드는 비용을 제외한 수익이 한 달에 500달러를 초과하면 12.5퍼센트를 헌금하고, 700달러가 넘으면 15퍼센트, 900달러가 넘으면 17.5퍼센트, 1,300달러가 넘으면 22.5퍼센트를 헌금하기로 작정했습니다.

그리고 하나님이 사업을 번창케 하셔서 수익이 1,500달러가 되면 그 가운데 25퍼센트, 즉 한 달에 375달러를 헌금하기로 했습니다. 나는 순수입 중 사분의 일을 헌금하고, 금액이 많든 적든 일정액의 재정을 획득하면 그 가운데 절반을 헌금하며, 어떤 자본에 충분한 돈을 얻었다고 판단될 경우 순수익의 전부를 헌금하기로 결정했습니다.

이 계획을 세운 지 몇 해가 지났고, 기대했던 것보다 훨씬 더 크게 번창했습니다. 계속 헌금을 했음에도 불구하고 거듭 그 자금이 얼마나 많은 이익을 가져다주는지 놀라움을 금하지 못했습니다.

사실 나는 몇 달 동안 유익한 믿음의 시험을 받았습니다. 생활을 유지하기에 재정이 부족했을 때도 이 규칙에 따르도록 이끌림을 받았습니다. 하지만 사업이 호전되었고, 하나님의 손길이 모든 부족함으로 채워주시고도 남음이 있다는 사실을 깨달았습니다."

PART
9

하나님에
관하여

하늘에 계신 우리 아버지는
자녀들에게 더 좋은 것을 주시려는
목적을 제외하고는 그들에게서
결코 현세의 것을 취하시는 법이 없다

George Muller Proverbs

승인

모든 사역에 있어서 우리는 하나님과 함께 서는 것을 기대해야 하고, 다수의 찬성이나 반대하는 판단에 의존하는 어리석음을 범하지 말아야 한다.

여전히
붙드심

하늘에 계신 우리 아버지는 자녀들에게 더 좋은 것을 주시려는 목적을 제외하고는 그들에게서 결코 현세의 것을 취하시는 법이 없다.

주님은 자신의 사랑과 신실함 덕분에 우리가 계속해서 타락하도록 내버려두지 않으실 것이고, 그렇게 하실 수도 없다. 오히려 그분은 우리가 자신에게 속히 돌아올 수 있도록 채찍을 가지고 우리를 찾아오실 것이다.

주님은 징계하실 때 우리가 감당할 수 있는 것보다 더 큰 짐을 우리에게 지우시지 않는다. 그래서 한 손으로 우리를 치시는 동시에 다른 한 손으로는 우리를 여전히 붙드신다.

만일 주 예수 안에 있는 그리스도인들인 우리의 잘못된 행동이나 잘못된 마음의 상태 때문에 하늘에 계신 아버지가 우리를 징계하시거나 잘못을 바로잡으려고 하신다면, 그것에 대해서 감사해야 한다. 그분은 그렇게 함으로써 자신의 독생자를 아끼지 않으시고 우리를 위해서 직접 그분을 포기하셨던 그 사랑을 우리에게 베풀고 계시기 때문이다.

    그러므로 우리는 하나님께 말과 행동으로 직접 감사를 표현해야 한다. 우리는 실제로 주님의 징계를 무시하지 않도록 조심해야 하고, 말로는 그렇게 하지 않더라도 징계를 받는 것 때문에 기운을 잃어버리면 안 된다. 그 모든 일이 우리의 복을 위한 것이기 때문이다.

살아계신 하나님

"만일 고아원들의 기금이 완전히 바닥이 나고, 그 사역에 종사하는 사람들 자신도 줄 것이 하나도 없고, 식사시간이 다가올 때 아이들을 먹일 수 있는 음식이 전혀 없다면 어떻게 될까?"

이렇게 생각한 적이 있을지 모른다. 그런 생각을 하는 우리의 마음은 절망적일 만큼 사악하다. 더 이상 살아계신 하나님을 의지하지 않거나, 또는 우리 마음이 악한 생각을 품은 상태로 내버려질 경우에 우리는 그런 상태를 떠올릴 수 있다. 그렇지만 우리가 살아계신 하나님을 의지할 수 있는 한, 그리고 모든 면에서 우리에게 필요한 것이 부족하더라도 우리가 최소한 죄를 멀리할 수 있다면, 그런 일은 일어나지 않을 것이다.

주님은 우리를 변함없이 돌보고 있다는 것을 입증하려고

새로운 조력자들을 보내신다. 주님을 신뢰하는 사람들은 당황하지 않을 것이다. 도움을 베풀었던 사람들 중 일부가 예수님 안에서 잠들 수 있다. 여전히 도움을 베풀고 싶지만 도울 수 있는 수단이 없는 사람들이 있을 수 있다. 그리고 도움을 베풀고 싶은 마음과 도울 수 있는 수단이 있지만, 그 수단을 다른 방식으로 사용하는 게 주님의 뜻이라고 생각하는 사람들도 있을 수 있다.

그러므로 이런저런 이유를 대면서 사람을 의지한다면 분명 당황하게 될 것이다. 그러나 우리는 살아계신 하나님만 의지하며 '절망이나 죽음, 수단의 부족, 사랑의 부족, 또는 다른 사역의 요구들'을 초월할 수 있다. 우리가 이 세상에서 하나님 한 분만 의지하기를 배우고, 그러면서도 기쁘고 바르게 행하는 한 어떤 선한 것도 우리에게서 멀어지지 않는다는 것을 알고 있으니 이 얼마나 소중한 일인가!

부르심 안에
거하라

8년 전과 비슷한 상태에 있는 한 형제가 거의 기쁨을 누리지 못할 뿐 아니라 하나님의 사역에 있어서 전혀 진보를 보이지 못하고 있다. 그 이유는 양심이 허락하지 않는 직업에 종사하고 있기 때문이다.

우리는 성경을 통해 우리가 부르심을 받은 그 부르심 안에 거하라는 권면을 받고 있다. 그렇지만 우리가 하나님과 함께 거할 때 비로소 그렇게 할 수 있다.

형제들아 너희는 각각 부르심을 받은 그대로 하나님과 함께 거하라 (고전 7:24)

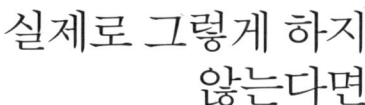

실제로 그렇게 하지 않는다면

사랑하는 그대들이여, 우리가 잘 알고 있는 세상의 격언이 있다.

뜻이 있는 곳에 길이 있다.

만일 이것이 하나님을 모르는 이들의 격언이라면, 하나님의 능력을 소유하고 있는 주 예수 안의 그리스도인들은 얼마나 더 '뜻이 있는 곳에 길이 있다'고 말할 수 있을까!

인간을 신뢰하거나 환경, 또는 자신의 노력이 아니라 오직 하나님만 신뢰해야 한다. 그러면 여러 가지 필요한 것을 얻을 수 있도록 도움을 받을 수 있다.

환경, 성공할 가능성, 과거에 기부했던 사람들이 아니라 하나님만 신뢰하라. 이것이 바로 복을 가져다주는 비결이다. 만일 우리가 그분을 의지한다고 말하면서 실제로는 그렇게 하지 않는다면, 하나님은 우리가 실제로 자기를 의지하지 않고 있음을 알게 해주신다. 그래서 실패하는 것이다. 반면에 우리가 실제로 주님을 신뢰한다면, 반드시 도움을 받을 것이다.

네 믿은 대로 될지어다 (마 8:13)

내가 이 시점에 이르기까지 여러 번 주 예수 안에 있는 그리스도인들에게 모든 염려를 하나님께 맡기고 단순한 자연적인 결과들을 거절하도록 권면하려고, 내가 도움을 받고 있음을 언급했다.

그럼에도 불구하고 너무나 많은 사람들이 마치 살아계신 하나님이 더 이상 살아계시지 않고, 이전 세대에는 기도의 응답을 기대할 수 있었지만 지금은 더 이상 기대할 수 없다고 생각하는 것은 나에게 커다란 슬픔을 안겨주었다.

우리가 실제로 주님을 신뢰한다면,
반드시 도움을 받을 것이다.

비록
나약하더라도

어떤 일에 착수하기 전에 하나님의 뜻을 확증하는 것은 정말 소중한 일이다. 그렇게 할 때 우리 영혼이 복을 받을 뿐 아니라 우리가 하는 일이 번성할 것이다.

하나님의 마음을 좇아서 행동하면 복을 받고, 또한 복의 통로가 된다. 우리의 생활방식은 주님의 뜻을 따라야 한다. 그분은 자신의 자녀들이 나오는 것을 기뻐하신다(마 6장). 여러 가지 측면에서 비록 나약하고 결점이 많더라도 그분은 그런 이유로 나를 축복하신다. 이렇게 생각해야 한다.

첫째, 하나님이 하시려는 일은 하나님의 일이다.
둘째, 나는 이 일을 감당해야 할 사람이다.
셋째, 하나님의 때가 이를 때 나는 이 일을 해야 한다.

관점

 자신의 뜻에 따라 성급하게 내가 일을 하고 주님이 수단을 제공하실 것이라고 말할 필요가 없다. 이것은 진정한 신뢰가 아니며, 믿음의 모조품이고 주제를 넘어서는 일이다. 그리고 하나님이 긍휼과 자비로써 결국 우리를 빚에서 건져 주신다 해도 이것이 그분의 때가 이르기 전에 앞으로 나가는 것이 옳음을 입증하지는 않는다. 오히려 우리는 그런 상황에서 우리 자신에게 이렇게 말해야 한다.

 "나는 진정 하나님의 일을 하고 있는가? 나는 그 일을 행할 사람이 아닌지 모른다. 또는 내가 그 일을 행할 사람이라면, 내가 앞으로 나가는 데 대한 그분의 때가 아직 이르지 않았을지 모른다. 그분의 선하시고 기쁘신 뜻은 내가 인내와 믿음을 실천하는 것일 수 있다. 그러므로 나는 차분하게 그분의 때를 기다려야 한다. 때가 이를 때, 하나님이 도우실 것이기 때문이다."

이와 같은 원칙에 맞추어서 살면 복을 누릴 수 있다.

주님의 뜻을 확증하기 위해서는 성경적인 수단을 활용해야 한다. 기도와 하나님 말씀, 그리고 그분의 영은 하나가 되어야 한다. 우리는 계속해서 기도를 통해서 주님께 나가야 하고, 그분의 말씀을 통해서 그분의 영으로 교훈하여 주실 것을 요구해야 한다.

첫째, 주님을 위한 봉사, 또는 여러분의 사업이나 가정과 관련된 일에 새로운 조치를 취하려고 할 때는 천천히 진행하라. 모든 것을 잘 판단하라. 모든 것을 성경의 관점에서, 그리고 하나님을 경외하며 판단하라.

둘째, 여러분이 기꺼이 하나님의 뜻을 행하기를 원한다고 정직하게 말할 수 있도록, 여러분이 취하고자 하는 어떤 단계들에 대한 하나님의 마음을 확실히 알기 위해서는 여러분 자신의 뜻을 따르지 말라.

셋째, 그렇지만 하나님의 뜻이 무엇인지를 발견하게 되면 열심히 인내하고, 믿고, 기대하면서 그분에게 도움을 구하라. 그러면 여러분은 분명히 그분 자신의 시간과 방식에 근거해서 기대하는 도움을 얻게 된다.

   나는 말씀을 통해서 성령으로 말한다. 만일 말씀이 우리가 취하고자 하는 조치와 상반된 것임에도 불구하고 어떤 사실들 덕분에 그분의 영이 우리를 그렇게 하도록 인도하셨다고 생각한다면 우리는 스스로 속이는 것이기 때문이다.
   나의 영혼에 관심을 두기에 충분한 시간을 확보할 수 없는 경우, 어떤 상황이나 사업도 하나님에 의해 주어지지 않을 것이다. 그러므로 상황이 어떻든지 간에 그 상황은 결코 하나님의 계시된 뜻에 위배되는 행동으로 이끌어 가는 하나님의 섭리가 아니라 나의 사랑, 믿음, 그리고 순종을 입증하도록 하나님으로 말미암아 허락된 것으로 간주될 수 있다.

부록 1

조지 뮬러와의 인터뷰

찰스 파슨즈

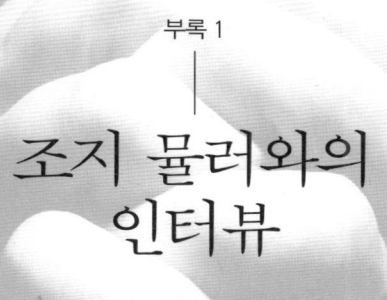

1897년, 찰스 파슨즈 목사가
직접 뮬러와 인터뷰한 내용으로,
보도를 목적으로 일정한 거리를 두고 진행하다가
차츰 뮬러의 인격과 삶에
큰 감동을 받는 과정이 생생하게 드러나 있다.

하나님에게 위대한 일을 기대하고
앞으로 겪을 큰일을 기대하세요.
하나님은 하실 수 있는 일이 끝이 없습니다
-조지 뮬러

뮬러, 응답받기까지 기도하다

더운 여름 날, 나는 브리스톨 애슐리 언덕의 그늘진 숲을 천천히 걸었다. 그곳 정상에는 2천 명 이상 고아들의 쉼터가 있었고, 세상에서 가장 확실한 믿음의 사람이 건축한 거대한 건물들이 시야에 들어왔다.

첫 번째 건물이 오른편에 있었고, 평지에 있는 여러 채의 공동 건물들 사이에는 믿음의 조상, 조지 뮬러가 살고 있었다. 문을 지나다가 잠시 다섯 채 건물 중 세 번째 건물(오늘날 환산하면 4.5백만 달러)을 둘러보기도 했다. 벨을 누르자, 어린아이가 위대한 시설의 설립자 숙소가 있는 돌계단 쪽으로 안내했다.

뮬러는 91세의 초고령이었다. 그와 마주하는 순간, 말할 수 없는 존경심이 솟구쳤다.

너는 센 머리 앞에서 일어서고 노인의 얼굴을 공경하며 네 하나

님을 경외하라 나는 여호와이니라 (레 19:32)

  그는 따뜻하게 악수하며 나를 맞이했고, 진심으로 환영했다. 하나님이 능력 있게 역사해서 빚어낸 한 사람을 만나는 것은 특별함 이상이었다. 그의 음성을 듣는다는 것은 더욱 그랬다. 그의 영혼과 직접 접촉하고, 그에게 불어넣은 따뜻한 호흡을 느끼는 것이 어느 특권보다 훨씬 더 소중했다.
  뮬러와 함께 보낸 시간은 내 생명이 다할 때까지 기억에 아로 새겨질 것이다. 이 최고의 종은 마음을 열고 상담해 주었고, 함께 기도해 주고 축복해 주었다.
  대화하는 동안, 조지 뮬러의 위대한 영적 능력이 분명하게 모습을 드러냈다. 모든 능력이 여전한 나이든 성자는 어떤 주제, 즉 위대한 치료자이며 자신에게 속한 사람들의 기도에 응답하시는 여호와를 찬양하는 데 거침이 없었다. 나는 거의 몇 마디밖에 하지 않았다.

• 목사님은 늘 주님이 성실하게 자신의 약속을 지키신다고 말씀해 오지 않으셨습니까?

"물론입니다. 한 번도 어기신 적이 없었습니다! 거의 70년 동안 그분의 사역과 관련된 필요는 무엇이든지 공급되었습니다. 처음부터 지금까지 고아들을 꼽아보면 9천 5백 명입니다. 그렇지만 아이들의 음식이 부족한 적은 없었습니다. 돈 한 푼 없이 하루를 시작한 게 수백 번이었지만, 우리의 하늘 아버지께서 정말 필요한 순간에 공급해 주셨습니다. 음식이 없었을 때가 한 번도 없었습니다.

나는 평생 살아계신 하나님만 의지할 수 있었습니다. 기도에 대한 응답으로 7백 5십만 달러(요즘으로 환산하면 5천만 달러)를 보내주셨습니다. 해마다 2십만 달러(오늘날에는 150만 달러)가 필요한데, 그 정도면 필요한 것을 모두 충당합니다.

나는 사람에게 한 푼도 구하지 않았습니다.

우리는 위원회나 모금자, 투표나 기부를 활용하지 않습니다. 모두 기도를 통해서 채웁니다. 하나님은 전 세계 사람들의 마음을 움직여서 우리를 도울 수 있는 다양한 방법을 활용하셨습니다. 그분은 내가 기도하면 이곳에 있는 여러 사람들에게 도우라고 말씀하십니다. 어떤 날은 한 신사가 예배가 끝난 후에 내게 고액의 수표를 사인하여 건네 주기도 했습니다."

"늘 기도하고 신뢰해야 했습니다.
살아있는 하나님을 신뢰하는 것은 좋은 일입니다."
-조지 뮬러

• 자서전을 통해서 목사님께서 얼마나 자주 믿음의 시험을 받았는지 알았습니다. 지금은 어떻습니까?

"내 신앙은 상당한 시험을 받고 있고, 내가 겪는 어려움은 어느 때보다 강력합니다. 우리는 재정적인 책임 이외에도 필요한 후원자들을 계속 찾아내서 집이 없는 수백 명의 고아들에게 지금껏 필요한 장소를 제공했습니다. 나는 사랑하는 후원자들에게 기도해 주십사 연락했습니다. 그러자 즉시 5백 달러, 그리고는 1천 달러, 그리고 며칠 만에 7천 5백 달러(오늘날에는 5만 4천 달러)가 당도했습니다.

하지만 늘 기도하고 신뢰해야 했습니다. 살아있는 하나님을 신뢰하는 것은 좋은 일입니다. 그분이 "내가 결코 너희를 버리지 아니하고 너희를 떠나지 아니하리라"(히 13:5)고 말씀하셨기 때문입니다. 하나님께 위대한 일을 기대하고 앞으로 겪을 큰일을 기대하세요. 하나님은 하실 수 있는 일이 끝이 없습니다. 그분의 영광스런 이름을 영원히 찬양하세요! 무슨 일이든지 그분을 찬양하세요! 동전 몇 개가 당도할 때마다 나는 그분을 찬양했습니다. 그리고 6천 달러를 보내주셨을 때도 그분을 찬양했습니다."

- 예비비를 챙겨두어야 한다고 생각해 보신 적은 없나요?

"그건 말할 수 없이 어리석은 행동입니다. 따로 떼어둔 게 있다면 어째서 기도하겠습니까? 하나님은 '조지 뮬러, 예비비가 있다'고 말씀하시겠지요. 단 한 번도 생각한 적이 없습니다. 우리는 하늘나라에 돈을 쌓습니다. 살아계신 하나님이 넉넉히 채워주십니다. 그분을 1달러 때문에 신뢰하고, 수천 달러 때문에 신뢰했지만, 헛된 것은 신뢰하지 않았습니다."

그에게 피하는 자는 복이 있도다 (시 34:8)

- 당연히 목사님을 위한 저축에 신경쓰지 않았겠네요?

나는 이 강력한 믿음의 사람의 기품있는 대답을 결코 쉽게, 간단히 잊어버릴 수 없다. 그때까지 그는 손을 굳게 쥔 채 나와 무릎을 마주하고 앉아 있었는데, 두 눈은 그가 평온하고 조용하고 사색적인 정신을 소유하고 있다는 것을 보여주고 있었다. 대부분 고개를 앞으로 숙이고 아래를 바라보았다.

그런데 그가 몸을 곧추세우더니 잠시 내 얼굴을 살폈는데, 너무 진지해서 내 영혼을 꿰뚫을 것 같았다. 밝은 눈을 가진 이들은 위엄과 엄숙함을 갖추고 있는데, 영적 비전과 하나님의 놀라운 일들에 바라보는 데 익숙한 느낌이었다.

내가 던진 질문이 그의 마음을 불편하게 만들었는지, 아니면 그가 대화를 나누면서 암시한 '오래된 자아'의 흔적을 건드렸는지는 알 수 없다. 어떤 사건이든 간에 의심의 그림자가 아니라 그의 존재 전체를 자극하는 게 존재했다.

잠시 말을 멈춘 뮬러의 표정은 설교 자체였고, 그의 깊고 맑은 두 눈에서 불꽃이 반짝였다. 그가 코트의 단추를 풀고 안주머니에서 동전이 종류별로 구분되도록 된 고리 달린 낡은 지갑을 꺼냈다. 그것을 건네면서 나지막이 말했다.

"지갑에 있는 게 소유의 전부입니다! 나를 위해서 저금을 하느냐고 물었습니까? 한 번도 생각해본 적이 없습니다. 가 개인적으로 사용하도록 보내온 돈도 하나님께 바쳤습니다. 한번에 5천 달러가 당도한 적도 있었지만, 그 선물을 내 것이라고 생각하지 않았습니다. 그것은 나를 소유하고 내가 섬기는 하나님께 속한 것입니다. 나를 위해서 저금을 하냐 고요? 그렇다면 나는 구원을 확신할 수 없습니다. 내가 사랑하는 자비롭고 풍성한 아버지의 영광을 가리는 것입니다."

뮬러에게 지갑을 다시 건넸다. 그는 지갑 안에 얼마가 들어있는지, 그가 고아원과 성경지식연구원에 얼마를 기부했는지 들려주었다. 그렇지만 나는 몇 가지 내용과 함께 함부로 발설할 수 없었다.

뮬러가 42개국에서 설교하기 위해 여행하며 겪은 일과, 여러 곳을 멀리 여행하면서 필요할 때마다 공급된 과정을 설명하는 순간, 나이를 먹은 신실한 그의 얼굴에서 거룩한 빛이 발했다.

거의 각 나라의 많은 사람들이 그의 설교를 들으러 찾아왔는데, 그의 설교 주제는 구원과 살아계신 하나님을 신뢰하도록 그리스도인들을 격려하는 단순한 메시지였다.

그는 무엇보다 설교를 위해서 더 많이 기도했고, 자신이 한 주간 내내 기도를 해도 설교 강단을 오를 때까지 성경 본문이 정해지지 않을 때도 종종 있었다고 했다.

그에게 어느 정도 기도하는지 물었다.

"하루도 거르지 않고 몇 시간씩 기도합니다. 기도의 영 안에서 살고 있습니다. 걸으면서 기도하고, 앉고 일어설 때 기도합니다. 그리고 늘 기도의 응답을 받고 있습니다. 수만 번 기도를 응답받았습니다. 옳은 일이라고 확신하면 응답이 될 때까지 계속해서 기도합니다. 절대 포기하지 않습니다!"

이 말을 하는 순간 그의 음성은 활기가 넘쳤다. 그의 얼굴에는 기쁨이 가득했고, 거룩한 즐거움이 빛났다. 자리에서 벗어나 테이블 옆을 걸어 다니기도 했다.

"기도에 대한 응답으로 수천 명의 영혼들이 구원을 받았습니다. 나는 무수한 영혼들을 천국에서 만날 것입니다."

다시 한 번 대화가 끊겼다. 내가 아무런 말을 못하자, 그가 계속해서 이어 나갔다.

"중요한 것은 응답이 주어질 때까지 결코 포기하지 않는 것입니다. 나는 52년 간 하루도 거르지 않고 어릴 적 친구의 두 아들을 위해서 줄곧 기도했습니다. 그들은 아직 회심하지 않았지만, 그렇게 될 겁니다! 다른 결과가 있을 수 있을까요? 여호와의 약속은 불변하니, 나는 그것을 신뢰합니다.

하나님 자녀들이 범하는 커다란 잘못은 지속적으로 기도하지 않는 것입니다. 그들은 기도를 계속하지 않습니다. 그들은 인내하지 않습니다. 그들이 어떻게든 하나님께 영광을 돌리고 싶다면 그것이 이루어질 때까지 기도해야 합니다.

우리가 기도해야 하는 분은 정말 선하고, 자비롭고, 대단하십니다! 그분이 내게 응답해 오셨습니다. 내가 간구하거나 생각한 것 그 이상을 무가치한 내게 헤아릴 수 없을 정도로 응답하셨습니다.

나는 가난하고, 약하고, 죄를 범하기 쉬운 인간에 지나지 않습니다. 하지만 그분은 수만 번씩 기도를 들으셨고, 이 땅과 다른 곳에 살고 있는 수많은 사람들을 진리의 길로 인도하는 도구로 삼으셨습니다. 이 부족한 입술로 수많은 군중에게 구원을 선포했고, 아주 많은 사람들이 영원한 생명을 믿었습니다."

나는 뮬러에게 사역을 처음 시작할 때 그 정도까지 성장할지 조금이라도 생각해 본 적이 있는지 물었다. 그가 윌슨

가에서 처음 시작하던 순간을 소개하면서 대답했다.

"하나님이 함께 하시고, 그분이 자신의 자녀들을 누구도 가지 않은 길로 인도하신다는 것을 알고 있었을 뿐이었습니다. 나는 그분의 임재를 확신했습니다."

나는 그의 다정하고, 거룩하고, 말할 수 없이 깊은 영적 분위기는 물론 하나님과의 관계가 밀접하게 결합된 어떤 주제에 접근하고 있다는 것을 의식하면서 '당신의 말씀에 빨려들지 않을 재간이 없네요'라고 말했는데, 잠시 후회가 밀려왔다. 하지만 그가 소리를 치는 바람에 두려움이 사라졌다.

"나와 어울리는 것은 단 하나, 그러니까 지옥뿐입니다! 형제, 나와 어울리는 것은 그것뿐입니다. 나는 어긋난 길을 가던 사람입니다. 하지만 하나님의 은혜로 구원을 받은 죄인입니다. 본디 나는 죄인이지만, 죄 안에서 살지 않습니다. 나는 죄를 싫어합니다. 그것을 더욱더 싫어합니다. 그리고 거룩함을 더욱더 사랑합니다."

"오랫동안 하나님을 위해서 이 모든 사역을 감당하면서 낙심되는 일이 많았을 것 같습니다"라고 말하자, 이렇게 말했다.

"낙심되는 일이 많았습니다. 하지만 늘 하나님을 확신했습니다. 나의 영혼은 여호와가 약속하신 말씀을 의지했습니다! 그분을 신뢰하는 것은 좋은 일입니다. 그분의 말씀은 헛되이 돌아오는 법이 없습니다!"

피곤한 자에게는 능력을 주시며 무능한 자에게는 힘을 더하시나니 (사 40:29)

"이런 생각은 나의 공적인 사역에 그대로 적용되었습니다. 62년 전에 나 스스로 만족하지 못하는 형편없고, 건조하고, 영향력 없는 설교를 하다가 다른 사람에게 영향을 주지 못할 것이라고 생각하였습니다.

그런데 그후 오랜 시간이 흘러 그 설교 때문에 축복을 받은 사람들이 19명이나 되었다는 것을 알았습니다."

나는 내가 낙심했던 몇몇 일들을 소개하면서 하나님이 더 자주 사용해 주셨으면 좋겠다고 하였다.

"형제, 하나님은 당신을 더 자주 사용하실 겁니다. 하나님이 직접 축복하실 겁니다! 힘을 내세요!"

그의 말에 이어서 계속해서 물었다.
- 영혼을 추수하는 현장에서 다른 그리스도인 일꾼에게 떠넘길 수 있는 하나님의 사역에 관해서 특별히 조언을 구할 수 있겠습니까?

"모든 일을 하나님께 맡기려고 노력하세요. 자신과 일을 그분의 손에 맡기세요. 새로운 일을 구상하고 있다면 "이것이 하나님의 생각과 일치하는가? 하나님께 영광이 될까?"라고 물어보세요.

그분의 영광과 무관하다면, 그것은 당신에게 좋은 일이 아닙니다. 그러면 하지 않아야 합니다. 그것을 염두에 두세요! 하나님의 영광을 위해서 어떤 경로를 결정했다면, 그분의 이름으로 시작하고 끝까지 계속하세요. 기도와 믿음으로 시작하고, 포기하지 마세요!

그리고 부당한 것에는 관심을 두지 마세요. 그러면 하나님이 들어주시지 않습니다. 그것을 경계로 삼으세요. 하나님을 신뢰하세요. 그분만 의지하세요. 그분을 기다리세요. 그분을 믿으세요. 놀라운 일을 기대하세요. 축복이 늦어져도 실망하지 마세요. 무엇보다 우리의 사랑스런 주님의 공적만 의지하면, 당신 자신이 아니라 그것들 때문에 당신의 기도와 사역이 인정을 받게 될 겁니다."

나는 어떤 대답도 할 수 없었다. 거기서 무슨 말을 해야 했을까? 내 눈에는 눈물이 그렁그렁했고 가슴이 벅찼다. 그뿐 아니라 감히 움직일 수 없을 정도로 말할 수 없는 경외심과 고요한 하늘나라의 사랑만 존재했다.

뮬러는 자신의 전기 한 권을 가져다가 내 이름을 적어주려고 다른 방으로 갔다. 그가 자리를 비운 사이에 집안을 둘러볼 수 있었다.

가구의 장식은 더할 수 없이 수수했고, 쓸모가 있었고, 나와 대화를 나눈 하나님의 사람과 잘 어울렸다. 겉치레뿐인 품위나 약속, 옷이나 생활방식은 하나님의 자녀와 무관하다는 게 조지 뮬러의 위대한 원리였다.

그는 어디에도 머리를 둘 곳이 없는 온순하고 비천한 분의 제자를 자처하는 이들에게는 과소비와 사치가 적절하지 않다고 생각한다. 책상 위에는 설명이나 주석이 없는 성경이 펼쳐져 있었다.

영적으로 보면, 요즈음 시대에 가장 강력한 사람이 머무는 곳답다는 생각이 들었다. 그는 차갑고, 계산적이고, 이기적인 세대에 하나님의 사역의 실체를 입증하고, 교회가 전능자의 팔을 잡으면 얼마나 많이 얻게 되는지 가르치기 위해서 특별히 길러진 사람이었다.

나는 이 기도의 왕자와 한 시간을 오롯이 보냈는데, 그의 방문을 누가 찾아와서 두드린 것은 한 번뿐이었다. 뮬러가 문을 열자 세상의 대가족 출신 딸처럼 머리가 잘 손질된 고아원의 여자아이가 서 있었다.

그는 아이에게 지금은 어려우니 잠시 후에 만나자고 말했다. 그렇게 나는 이 믿음의 사람, 하나님이 함께 하시는 이 탁월한 사람, 91년 간 거친 인생을 순례하는 여행자, 그리고 모세처럼 하나님과 마치 친구나 되듯이 대화하는 사람과 어떤 방해를 받지 않는 특권을 누렸다. 하늘나라에서 시간을 보내다가 땅에 내려온 것 같았다.

그의 기도는 짧고 단순했다.

그는 무릎을 꿇으면서 입을 열었다.

주여,
이 사랑스런 종에게
지금 당신 앞에서 더욱 더, 더욱 더, 더욱 더
많은 축복을 내려주소서!
당신의 사역과 오늘 나눈 우리의 대화를 기록할
그의 펜을 자비롭게 인도하소서.
당신의 사랑스런 아들, 우리 주이며 구세주인
예수 그리스도의 공로에 의지해서 간구합니다.
아멘.

부록 2

조지 뮬러의
삶과 사상

존 파이퍼

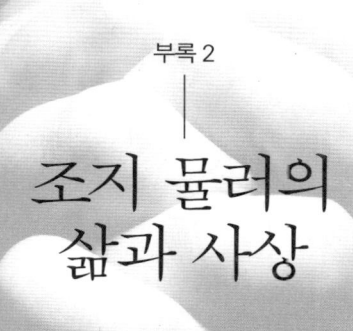

미국에서 가장 영향력 있는
설교자로 평가되는 존 파이퍼 목사가
베들레헴 교회에서 개최된 목회자 컨퍼런스에서
발표한 뮬러의 삶과 사상, 그리고 사역.

나는 하나님의 손에 붙들린 망치, 도끼,
그리고 톱으로 만족할 것이다.
그렇지만 하나님이 어떤 방식으로 사용하더라도
내게는 영광이 될 것이다
-조지 뮬러

10만 명의 고아를 돌보다

조지 뮬러는 독일(옛 프러시아) 출신이다. 1805년 9월 27일 크로펜스타트에서 태어나서 거의 19세기 내내 생존하다가 1898년 3월 10일에 92세를 일기로 세상을 떠났다.

뮬러는 1859년에 대각성운동(Great Awakening)이 일어나는 것을 직접 목격하고 '수많은 사람들이 회심하고 있다'는 말을 남겼다. 그는 무디의 사역을 후원했고, 찰스 스펄전을 돕는 설교를 했으며, 허드슨 테일러의 선교 열정을 격려했다.

뮬러는 영국의 브리스톨에서 대부분 시간을 보내면서 66년 간 같은 교회에서 목회를 했다. 그 교회는 독립적이고, 전천년설[4]을 신봉하고, 칼뱅의 교리를 추종하는 침례교회로서 매주 성찬식을 베풀고, 세례를 받지 않은 사람들 역시 교인

---

4 그리스도의 초림부터 재림까지의 기간을 천년왕국으로 보는 견해

전기를 집필한 피어슨(A. T. Pierson)은 조지 뮬러에 대해 '주님을 위해서 대단하고 거칠 것 없는 일들을 해냈다'고 말했다.

으로 받아들였다. 흔하지 않았지만, 그렇다고 그릇된 일도 아니었다.

뮬러는 교회 생활은 물론 거의 모든 면에서 상당히 개성이 강했다. 하지만 그의 튀는 행동은 전적으로 다른 사람들에게 도움을 주기 위해서였다. 뮬러의 사위에게서 권한을 위임받아 전기를 집필한 피어슨(A. T. Pierson)은 아주 너그러운 이런 독특한 행동의 본뜻을 파악하고서 조지 뮬러에 대해 '주님을 위해서 대단하고 거칠 것 없는 일들을 해냈다'고 말했다.[5]

1834년, 그의 나이 28세에 뮬러는 성경지식연구원(The Scripture Knowledge Institute for Home and Abroad)을 설립했다. 그는 기존의 선교 단체들이 주장하는 후천년설, 자유주의, 세속적인 전략들(빚지는 것)로 인해 실망했다. 그는 자신이 집필한 『일화(Narrative)』에서 이렇게 말했다.

부채가 있습니까? 그렇다면 그게 죄라는 사실을 인정해야 합니다. 로마서 8장 8절의 내용을 어기고 죄를 범했다는 것을 주

---

1 아더 피어슨, 『브리스톨의 조지 뮬러』, 248.

님께 진심으로 고백해야 합니다. 그리고 더 이상 부채를 지지 않고 결과에 상관없이 주님을 기다리면서 진정으로 신뢰하면, 지금의 부채 문제는 얼마 지나지 않아서 해결될 것입니다.

부채와 무관하다면 장차 무슨 일이 있더라도 말할 수 없는 궁핍에 시달리지 말고 예수님의 능력에 의지해서 결심하고, 남에게 빌리거나 외상으로 구입하는 식의 비성경적인 방법을 포기하고 하나님의 도움을 기다리면서 스스로를 구원해야 합니다. 이런 방법을 실천하기만 하면 그 탁월함을 누릴 수 있습니다.[6]

성경지식연구원은 다섯 개의 기관들로 발전했다. 어린이와 어른들에게 성경의 지식을 가르치는 학교, 성경 배부, 선교사 후원, 소책자와 도서 보급, 그리고 '부모와 사별한 극빈층 어린이들을 수용하고, 옷을 주고, 또 교육하는' 것이 그것들이었다.[7]

이 다섯 가지 사업의 성과는 대단했다. 하지만 생존할 때나 오늘에 이르기까지 전 세계적으로 유명해진 것은 고아를

---

6 조지 뮬러, 「일화」, 1:251.
7 같은 책, 2:365-375.

위한 사업이었다. 뮬러는 다섯 채의 고아원을 건축해서 평생 10,024명의 고아들을 보살폈다.

1834년에 그가 처음 시작했을 때 영국 전역에 3,600명의 고아를 수용하였고, 소년원에 수용한 8세 이하 어린이들은 그 두 배였다. 뮬러의 사역이 끼친 가장 큰 영향은 다른 사람들의 마음을 움직여서 '뮬러가 사업을 시작한 지 50년 만에 영국에서만 적어도 10만 명의 고아들이 돌봄을 받게 되었다'는 것이다.[8]

뮬러는 1830년부터 1898년까지 한 주에 세 차례씩 적어도 10,000회 정도 설교를 하면서 이 모든 일을 감당했다. 그는 70세가 되자 일평생 꿈꾸던 선교 사역을 본격적으로 시작해서 87세까지 17년 동안 계속했다. 그는 42개국을 돌아다니면서 평균 하루에 한 차례씩 설교를 했고, 약 3백만 명에게 편지를 보냈다.

뮬러는 1892년, 그의 나이 87세의 여행을 끝으로 1898년 3월에 세상을 떠날 때까지 교회에서 설교하고, 성경지식연구원에서 사역을 계속했다. 죽음을 얼마 남겨두지 않고 있

8　아더 피어슨, 「브리스톨의 조지 뮬러」, 274.

던 92세 때 그는 이런 글을 남겼다.

나는 매일 하루 종일 일을 할 수 있었고, 그리고 70년 전처럼 여전히 쉽다.[9]

그는 1898년 3월 9일 수요일 저녁에 교회에서 기도모임을 인도했다. 다음날 7시, 차 한 잔을 전하러 그의 방문을 두드렸지만 응답이 없었다. 그는 침대 옆에 바닥에서 숨을 거둔 채 발견되었다.

뮬러의 장례식은, 그 다음 주 월요일에 브리스톨에서 거행되었다. 뮬러가 66년 간 사역한 곳이었다.

수많은 사람들이 조촐한 행렬 옆으로 엄숙하게 줄지어 서 있었다. 사내들은 작업장과 사무실을 비웠고, 여성들은 화려한 주택과 조촐한 부엌을 비운 채 끝까지 존경심을 보여주었다.[10]

1천 명의 어린이들이 예배를 위해서 세 번째로 세워진 고

---

9 같은 책, 283.
10 같은 책, 285-286.

영국 브리스톨의 아노스베일 묘지, 조지 뮬러 묘지석에는 '믿는 자에게는 능치 못할 일이 없다는 하나님 말씀이 그에게서 이루어졌다'고 기록되어 있다.

아원에 모였다. 이제 그들은 또 다시 '아버지'를 잃은 것이다. 독특한 목회자이자 고아들을 진정으로 사랑한 사람이 세상을 떠났다.

뮬러는 성경을 처음부터 끝까지 거의 2백 번 이상 읽었다. 그는 고아들을 위해서 오늘날의 금액으로 환산하면 150만 달러가 넘는 금액을 모금하려고 기도했지만, 단 한 차례도 직접 사람을 만나서 돈을 부탁한 적이 없었다. 그는 68년 동안 전혀 사례비를 받지 않으면서도 하나님이 자신의 필요를 채워주신다고 확신했다. 대출을 받거나 남에게 빚을 지는 법이 없었다. 그럼에도 그와 고아들은 굶주리지 않도록 하였다.

그는 두 번 결혼했다. 25세에 메리 그로브스, 그리고 66세에 수재너 생거를 부인으로 맞았다. 메리는 네 명의 자녀를 낳았지만, 살아남은 것은 두 자녀뿐이었다. 아들 엘리야는 첫 돌을 넘기고 죽었고, 딸 리디아는 뮬러의 뒤를 이어서 성경지식연구원의 책임자가 된 제임스 라이트와 결혼했다. 하지만 그녀는 1890년에 57세를 일기로 세상을 떠났다. 5년 뒤에 뮬러는 둘째 부인을 잃었고, 3년 뒤에 그 역시 죽음을 맞이했다.

그는 가족들보다 오래 살았고, 주님과 교회와 2천 명의 어린이들과 더불어 생활하면서 홀로 지냈다. 64세 때 아내 메리의 장례식에서 설교했으며, 90세에는 생거의 장례식에서 설교했다. 이런 상실과 고통을 마주한 채 그가 전했던 메시지에서 그의 삶을 이해할 수 있는 열쇠를 찾을 수 있다.

아내 메리의 장례식 설교문

메리의 장례식에서 뮬러가 전한 메시지의 전문을 통해서 그가 이 상실을 어떻게 받아들였는지 알 수 있다. 그의 메시지에서 두 사람이 뜨겁게 사랑했고 함께 사역을 즐겁게 감당했다는 것을 확인할 수 있다.

우리는 행복했을까요? 물론입니다. 해가 갈수록 더 행복했습니다. 브리스톨 어느 곳이든지 예상하지 못한 순간에 사랑스런 아내를 만나면 기쁘지 않은 적이 한 번도 없었습니다. 고아원에서 만날 때도 역시 그랬습니다.

날마다 식사를 하기 전에 손을 씻으러 가다가 고아원 탈의실에서 그녀를 볼 때마다 즐거웠고, 아내 역시 마찬가지였습니다. 나는 수없이 반복해서 말했습니다.

"여보, 당신이 내 아내가 된 이후로 당신을 바라볼 때마다 기쁘지 않았던 적이 한 순간도 없었소."[11]

계속해서 그 이유가 소개되었다.

프리처드의 소견이 류마티스성 발열이라는 것을 알게 되었을 때 나도 모르게 최악을 예상했습니다.…너무 안타까워서 내 가슴은 거의 찢어질 지경이었습니다.[12]

고아들을 돌보면서 하나님께 10,000번이나 기도의 응답을 목격한 그가 이번에는 응답을 받지 못했다. 아니면, 그게 응답은 아니었을까?

1870년 2월 6일 주일, 4시 20분에 메리는 숨을 거뒀다.

---

11 조지 뮬러, 「일화」, 2:392-393.

12 같은 책, 2:398.

나는 무릎을 꿇고서 하나님께 그녀를 놓아주시고 데려가신 것에 감사하면서 우리에게 도움과 지원을 베풀어 달라고 기도했습니다.[13]

나중에 그는 이 순간에 얼마나 큰 힘을 얻었는지 회상했다. 여기에 그의 삶을 이해할 수 있는 열쇠가 있다.

내가 사랑하는 아내에게 읽어준 성경의 마지막 부분은 이렇습니다.

여호와 하나님은 해요 방패이시라 여호와께서 은혜와 영화를 주시며 정직하게 행하는 자에게 좋은 것을 아끼지 아니하실 것임이니이다 (시 84:11)

그러니 우리가 주 예수 그리스도를 믿는다면, 우리는 은혜를 받았고 은혜의 참여자이고, 그리고 그 모든 것 때문에 주님은 역시 영화롭게 하실 것입니다. 나는 그 구절의 후반

---

13 같은 책, 2:400.

조지 뮬러의 아내, 메리 그로브스(Mary Groves)

부를 반복했습니다.

> 정직하게 행하는 자에게 좋은 것을 아끼지 아니하실 것임이니이다. (시 84:11)

내 자신은 정말 무가치한 죄인이지만 그리스도의 피로 구원을 받았고, 죄를 짓지 않고 하나님 앞에서 정직하게 행하고 있습니다. 그래서 만일 내게 좋은 것이라면 사랑하는 아내가 이전처럼 아픈 상태로 다시 살아날 것입니다. 하나님은 아내를 건강하게 만들어주실 것입니다.

그녀가 다시 회복되지 않는다면, 내게 마음 아픈 일입니다. 그러나 평안을 되찾았습니다. 하나님께 만족하기 때문입니다. 예전부터 말했듯이 이 모두 하나님의 말씀을 그대로 받아들이고 그분의 말씀을 믿기에 가능합니다.[14]

이 놀라운 삶을 이해할 수 있는 열쇠인 흔들림 없는 확신과 경험을 정리하면 이렇다.

---

14 같은 책, 2:745.

"내 자신은 정말 무가치한 죄인이지만."

"그리스도의 피로 구원을 받았고."

"죄를 짓지 않고."

"하나님은 삶과 죽음을 지배하신다."

"만일 내게 좋은 것이라면 사랑하는 아내가 이전처럼 아픈 상태에서 다시 회복될 것입니다."

"그렇지만 그녀가 회복되지 않는다면, 내게 마음 아픈 일입니다. 그러나 평안을 되찾았습니다. 나는 하나님께 만족하기 때문입니다."

이 모두 하나님의 말씀을 그대로 받아들이기 때문에 가능하다. 이것이 조지 뮬러의 진정한 모습이자 그의 삶을 이해하는 열쇠이다.

하나님의 말씀은 그의 죄를 일깨우고, 구세주를 계시하고, 하나님의 주권을 알려주고, 하나님의 선하심을 일러주고, 하나님의 언약을 소개하고, 그의 믿음을 각성하고, 그의 영혼에 만족을 안겨준다.

그래서 뮬러는 고백했다.

나는 하나님께 만족합니다.

믿음의 은사 & 믿음의 은혜

메리를 위한 뮬러의 기도는 응답되었을까? 뮬러가 이 질문에 어떻게 대답할지 확인하려면 놀라운 믿음의 은사와, 일상적인 믿음의 은혜를 구분하는 그의 방식을 살펴보아야 한다.

뮬러는 고아들과 자신의 필요를 위해서 기도하고, 그리고 생각하지 못한 방식으로 돈이 도착한 것 때문에 사람들이 높게 평가할 때마다 자신에게는 믿음의 은사가 없다고 줄곧 말했다.

사랑하는 독자는 내가 믿음의 은사를 갖고 있다고 생각하면 안 됩니다. 그 은사는 '병 고치는 은사'나 '능력 행함'이나 '예언'과 더불어서 고린도전서 12장 9절에 소가 되어 있고, 덕분에 나는 주님을 신뢰할 수 있습니다.

내가 실천할 수 있는 믿음은 전적으로 하나님이 주시는 은사라는 것은 맞습니다. 그분만 홀로 도울 수 있고, 그분만 힘을 더하실 수 있다는 것은 맞습니다. 매순간 그것을 위해서 하나님을 의지하고, 단 한 순간이라도 내 소임을 감당하지 않으면 완벽하게 실패하게 된다는 것도 맞습니다. 그렇지만 내 믿음이 고린도전서 12장 9절에 소개된 믿음의 은사라는 것은 맞지 않습니다.[15]

뮬러가 이렇게 엄격하게 주장한 것은, 하나님이 필요를 채워주신다는 사실을 그리스도인들이 확신하도록 격려하려고 평생 고수했기 때문이다.

특별히 그는 하나님을 제외하고는 그 누구에게도 돈을 부탁하지 않고 믿음과 기도로 고아를 돌보는 방식을 택했다. 고아들의 필요가 하나님에 대한 신뢰, 그 다음이라는 것을 알지 못하면 고아의 사역에 대한 조지 뮬러의 열정을 이해하지 못한다.

고아원을 설립하는 대표적인 이유는 세 가지입니다.

첫째, 하나님께 영광이 되고, 하나님이 자신을 신뢰하는 게 헛되지 않다는 것을 보여주는 도구를 가지고 공급하는 것을 기뻐하시고, 그 덕분에 하나님의 자녀들은 믿음이 강해질 수 있습니다.

---

15 같은 책, 1:302.

둘째, 부모 없는 어린이들의 영적 행복이 증진될 수 있습니다.

셋째, 그들의 일상적 행복이 확보될 수 있습니다.[16]

아울러 그 세 가지 목적이 의도적인 순서에 따라서 배열되었다는 사실을 간과하면 안 된다. 뮬러는 『일화』에서 몇 번이고 거듭 설명했다. 고아원들은 하나님을 신뢰할 수 있다는 것을 입증하고 그리스도인들에게 그분이 말씀을 지킨다는 것을 격려할 목적으로 존재한다. 이것이 조지 뮬러가 소유한 강력한 소명 의식이었다.

그는 하나님이 자신에게 자비를 베풀어주셨다고 말했다. 그래서 '말씀대로 하나님을 따르고 의지할 수 있었다.'[17]고 했고, 또한 '너무 많은 그리스도인들이…주님을 신뢰하지 않는 것 때문에 마음속으로 괴로워하고 어려움을 겪거나, 양심의 갈등을 겪고 있다'고 염려했다.

그가 하나님의 언약을 신뢰한 이 은혜, 수많은 그리스도인들이 그분의 언약을 신뢰하지 않는 것에 대한 이 염려가

---

16 같은 책, 1:103.
17 같은 책, 1:105.

뮬러의 삶 전체를 규정했다. 삶의 실제적인 문제들에 대해서 하나님을 신뢰할 수 있다는 것을 공개적으로 입증하는 게 그의 가장 큰 열정이었다.

이것이 바로 고아원을 건축하고 사람들이 아니라 하나님께 돈을 간구해서 고아들을 돌본 더 큰 목적이었다.

내가 무엇보다 잘 한 일은 고아원을 설립한 일입니다. 사람의 눈으로 확인할 수 있는 그 무엇이 필요했습니다. 그런데 가난한 사람인 내가 오로지 기도와 믿음으로 어떤 개인에게도 도움을 구하지 않고 고아원을 설립하고 운영할 수 있는 도구를 확보했다면, 하나님의 자녀들의 믿음을 강화할 뿐만 아니라 비그리스도인의 양심에 증거가 될 수 있는 어떤 일이 생겨날 수 있습니다. 따라서 이것이 고아원을 설립한 일차적인 이유였습니다.

그 사역의 가장 일차적인(현재도 동일한) 목적은 나와 내 동역자들이 누구에게도 도움을 구하지 않으면서 내가 돌보는 고아들에게 오직 기도와 믿음으로 필요한 모든 것들을 제공함으로써 하나님이 지금도 성실하시고, 지금도 기도에 응답하신다는 사

실을 통해서 영광을 받으시는 것이었습니다.[18]

이제 그가 자신의 믿음은 고린도전서 12장 9절에 기록된 믿음의 은사가 아니고, 모든 그리스도인들이 가져야 할 믿음의 은혜라고 그렇게 고집한 까닭을 알게 되었다. 우리는 그가 믿음의 은사와 믿음의 은혜를 이렇게 서로 명확하게 구분한 것을 확인할 준비가 되어 있는 것이다. 그의 삶을 규정한 전체적인 목적이 바로 이것과 관계가 있었다.

그리스도인들이 그저 '뮬러는 대단한 사람이다. 그는 믿음의 은사를 소유하고 있다'고 말했다면, 우리는 모두 함정에 빠지게 되고, 그는 더 이상 삶의 자극과 증거, 영감이 되지 못한다. 그의 말을 들어보자.

믿음의 은사와 은혜의 차이는 내가 보기에 이렇습니다. 믿음의 은사에 따르면, 나는 어떤 일을 할 수 있다거나, 아니면 그것을 실천하지 않거나 안 믿어도 죄가 되지 않는 어떤 일이 일어날 수 있다고 믿을 수 있습니다.

---

18 같은 책.

반면에 믿음의 은혜에 따르면, 나는 하나님의 말씀을 존재의 근거로 소유하고 있다는 것을 존중하면서 어떤 일을 할 수 있다거나, 아니면 어떤 일이 일어날 것이라고 믿기 때문에 그것을 실천하지 않거나 믿지 않는 것은 죄가 될 수 있습니다.

믿음의 은사는 어떤 환자가 인간적으로는 가망이 없음에도 불구하고 다시 회복되어야 한다고 믿는 데 필요할 수 있습니다. 그 효과를 보장하는 언약이 없기 때문입니다. 믿음의 은혜는 내가 하나님의 나라와 의를 먼저 구하면 삶에 필요한 것들을 주님이 주신다고 믿는 데 필요합니다. 그 효과를 보장하고 있기 때문입니다(마 6:33).[19]

뮬러는 하나님이 아픈 아내 메리를 회복하게 하신다는 것을 확신할 수 있는 어떤 성경적 근거도 없다고 생각했다. 그는 일생동안 '무조건 응답을 간구하고 요구해서 믿음의 은사(은혜가 아니라) 같은 것'을 몇 차례 받았다고 인정한다.[20] 하지만 메리의 경우에는 그런 특별한 은사를 행사할 수 없었다.

---

19 같은 책, 1:65.
20 같은 책.

그래서 그는 아내를 위해서 조건을 붙여서 기도했다. 그 조건은 자신들에게 좋고 하나님께 영광이 되는 것이었다. 하지만 자신들은 하나님이 어떻게 하시든지 만족한다고 매우 솔직하게 기도했다. 그래서 하나님은 뮬러가 시편 84편 11절을 믿도록 돕는 것으로 기도에 응답하셨다.

> 여호와께서…좋은 것을 아끼지 아니하실 것임이니이다. (시 84:11)

뮬러의 성장 배경

이야기를 돌려서 내가 읽은 뮬러의 전기들이 간과하고 있는 중요한 대목을 그를 통해서 들어보자.

뮬러의 아버지는 비그리스도인이었고, 자라면서 거짓말과 도둑질을 서슴지 않고 저질렀다. 어머니는 그가 14살 때 세상을 떠났지만, 기록에 따르면 이 일은 그에게 별다른 영향을 주지 않았다. 다만 어머니가 임종을 맞을 때 친구들과 함께 '정신없이' 길거리를 쏘다닌 것만 예외였다.

그는 절제를 모르는 삶을 살았고, 그러다가 16세에 절도

탓에 감옥에 수감되었다. 아버지는 돈을 지불하고 감옥에서 그를 빼내어 때리고 나서 다른 곳(쉔베크)으로 함께 이사했다. 뮬러는 라틴어, 프랑스어, 그리고 수학을 가르치면서 돈을 벌었다.

마침내 아버지는 그를 할레대학교에 보내 신학을 공부해서 목회를 할 수 있는 준비를 시켰다. 그가 올바른 삶을 사는 데 도움이 되기를 바랐다.

아버지나 뮬러 모두 영적 열망은 없었다. 나중에 그는 9백 명의 할레대학교 신학생들 중에 대략 아홉 명 정도가 하나님을 두려워했을 것이라고 회고한 바 있다.

그러다가 뮬러가 20세였던 1825년 11월 중순, 어느 토요일 오후에 성경공부에 초대를 받았는데 하나님의 은혜 덕분에 참석하고 싶은 마음이 들었다.

내가 평생 찾아 헤맸던 그 무엇인가를 발견한 것 같았습니다. 나는 곧장 참석하고 싶었습니다.[21]

모든 것이 인상적이었고, 행복했습니다. 왜 행복한지에 대해

---

21 같은 책, 1:17.

제대로 대답할 수도 없었습니다. 나는 조금도 의심하지 않았고, 하나님께서 내 안에서 은혜의 역사를 시작하셨습니다.…그날 저녁이 내 인생의 전환점이 되었습니다.[22]

4년 뒤에 그에게 또 다른 전환기가 찾아오는데, 이에 관한 이야기는 잘 알려져 있지 않다. 뮬러에게 있어서 이 시기는 하나님을 바라보는 방식과 그가 사역을 수행하는 방법을 형성하게 한 절대적인 전환기였다.

그 무렵, 뮬러는 런던선교회에 동참하려고 영국으로 건너갔다. 하지만 얼마 후에 자신의 신학과 확신이 선교회의 방침과 거리가 있음을 알았다. 이후 뮬러는 병을 치료하기 위해 1829년 여름에 테인머스로 이주하는데, 에벤에셀이라는 그 지역의 작은 교회에서 큰 깨달음을 얻게 된다.

그것은 말씀 묵상의 중요성과 은혜의 교리에 대한 깨달음이었다. 그는 당시의 상황을 설명했다.

1829년 7월과 1830년 1월 사이에 나는 주 예수의 재림과 관

---

22 같은 책, 1:16.

련된 대표적인 성경구절을 읽었습니다. 성경이 나의 규칙이고, 성령이 나의 선생님이 되기에 충분하다는 것을 알았습니다. 하나님의 은혜에 관한 소중한 교리들을 분명히 깨달았는데, 이는 회심 후 거의 4년 동안 한 번도 배워보지 못한 내용이었습니다.[23]

그리고 뮬러는 그곳에서 열흘 간 자신의 삶을 영원히 변화시킨 무명의 형제와 함께 생활했다.

주님은 이 형제를 도구로 삼아서 내게 놀라운 축복을 허락하셨습니다. 덕분에 나는 하나님께 영원히 감사해야 할 이유를 갖게 되었습니다.[24]

이 시기 이전까지는 '선택의 교리', 특히 구속과 최종적인 보존의 은혜에 관해 상당한 거부감이 있었습니다. 그래서 테인머스에 도착한 지 며칠 지나지 않았을 때까지 선택의 교리를 악한 것이라고 불렀습니다 … 나는 하나님의 사람들을 선택하는 것에 관해서 거의 알지 못했고, 하나님의 자녀가 된 뒤에 영원히

---

23 같은 책, 1:28-29.
24 같은 책, 1:39.

안전하다는 것을 믿지 않았습니다 … 그렇지만 이제 하나님의 말씀을 통해서 이 귀한 교리들을 검증하게 되었습니다.[25]

뮬러는 1834년에 세상을 떠난 윌리엄 캐리를 사로잡고, 1834년에 태어난 찰스 스펄전을 사로잡은 은혜의 교리, 즉 확실하고, 선교지향적이며 영혼 구원과 고아를 사랑하는 칼뱅주의를 접하게 되었다.

45년 정도가 흐른 뒤에 뮬러는 일부 젊은 그리스도인들에게 테인머스에서 겪은 일의 중요성을 간증했다. 그는 1825년부터 1829년까지 4년 동안 독일에서 말씀을 전해도 별다른 소득이 없어서 영국으로 건너왔고, 덕분에 은혜의 교리를 배울 수 있었다고 말했다.

시간이 지나서 이 나라로 건너오게 되었고, 그 덕분에 하나님은 내가 전에는 한 번도 겪어보지 못한 방식으로 '은혜의 교리'를 기쁘게 일러주셨습니다.

처음에는 그것들이 조금도 마음에 들지 않았습니다. 이것이

---

25 같은 책, 1:46.

사실이라면 나는 죄인들의 회심을 위해서 전혀 할 일이 없고, 전적으로 하나님과 성령의 역사에 의존해야 할 것입니다.

그렇지만 하나님이 기쁘게 이 진리를 내게 계시하자 나는 이런 식으로 말하고 싶은 마음이 생겼습니다.

"나는 하나님의 손에 붙들린 망치, 도끼, 그리고 톱으로 만족할 것이다. 그렇지만 하나님이 어떤 방식으로 사용하더라도 내게는 영광이 될 것이다. 내가 도구가 되어서 죄인들이 회심하게 되면 나는 진심으로 하나님께 모든 영광을 돌릴 것이다. 주님은 열매를 목격하게 하셨다. 주님은 풍성한 열매를 목격하게 하셨다. 수많은 죄인들이 회심했다. 이후로 하나님은 자신의 사역에 이런 저런 방식으로 나를 사용하셨다."[26]

하나님이 모든 주권을 갖고 있다는 이런 깨달음은 뮬러로 하여금 돈을 구하는 기도에 하나님이 응답하신다고 확신하도록 결정적으로 기여했다. 그는 정기적인 사례비를 포기했다. 사람들에게 직접 돈을 부탁하지도 않았다. 그는 기도했고 하나님의 선하심과 기도에 대한 응답을 담은 보고서를

---

26 같은 책, 1:752.

출판했다.

이 연례보고서는 전 세계에 전해졌고, 그것들은 커다란 영향력을 발휘해서 사람들이 고아를 위한 사역에 관심을 품도록 만들었다.

뮬러는 하나님이 도구를 활용하신다는 것을 알고 있었다. 실제로 그는 이렇게 즐겨 말했다.

"할 수 있는 한 열심히 일해야 합니다. 자신이 하는 일은 조금도 믿어서는 안 됩니다."

그러면서 그는 자신의 노력이나 출판된 보고서가 아니라 오로지 하나님만 바랄 뿐이라고 말했다. 그것만으로는 그가 받았던 놀라운 기도의 응답을 설명할 수 없었다.

돈을 구하는 기도가 응답된다는 뮬러의 믿음은 하나님의 주권에 뿌리를 두고 있었다. 청구서를 지불해야 할 방법이 마땅치 않은 위기의 순간마다 그는 이렇게 말하곤 했다.

어떻게 처리해야 할지 나는 알지 못합니다. 그렇지만 하나님이 전능하시다는 것, 모든 사람의 마음은 그분의 손에 달려 있다는 것, 그리고 그분이 기쁘게 사람들에게 영향을 발휘하시면 그들이 도움을 베풀게 되리라는 것을 나는 알고 있습니다.[27]

그것이 바로 그가 가진 확신의 뿌리였다. 하나님은 전능하시고, 모든 사람의 마음은 그분의 손에 달려 있고, 하나님이 영향을 발휘하기로 결심하시면 그들이 행동으로 옮긴다는 것이 그것이었다.

뮬러는 은혜의 교리라는 맥락에서 하나님의 이 완벽한 주권을 알고 사랑하게 되었고, 덕분에 그것을 주권적 선하심의 본질로 간주했다.

이것은 엄청난 스트레스와 갑작스런 비극의 한복판에서도 인간의 이해를 뛰어넘는 개인의 평안을 유지할 수 있는 방법을 제공했다. 그는 이렇게 말했다.

주님은 우리의 마음 상태가 감당 가능한 것 이상으로 처벌하는 방식을 활용하는 법이 없습니다. 그래서 한 손으로 혼을 내

---

27 같은 책, 1:594.

시면서도 다른 손으로는 어루만져 주십니다.[28]

고통스런 상황에 직면해도 그는 이렇게 말했다.

정말 나는 하나님 아버지의 뜻에 만족합니다. 그분에게 영광을 돌리기 위해 그분의 뜻에 완벽하게 순종하고, 괴로움을 안겨 주시는 그 손에 끝까지 입을 맞출 것입니다.[29]

그가 또 다시 고아원을 건축하고 싶어서 얼마 되지 않는 소유를 포기하려고 할 때 그는 이렇게 말했다.

주님이 얼마 안 되는 이 조그만 땅을 가져가신다면, 내게 훨씬 더 좋은 것을 허락하시려는 단 하나의 목적 때문입니다. 하늘 아버지는 더 좋은 것을 허락하실 때 이외에는 자녀들에게서 이 세상의 소유를 가져가시는 법이 없습니다.[30]

---

28 같은 책, 1:61.
29 같은 책, 2:401
30 같은 책, 1:505.

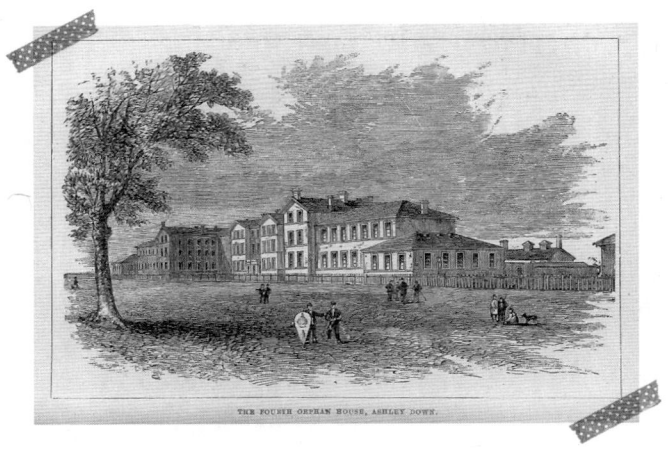

영국 윌슨 가에 있는 애슐리 다운 고아원 전경. 모두 2천 명을 돌보는 5개의 고아원이 세워졌고 많은 어린아이들이 훌륭하게 성장하였다.

이것이 바로 내가 하나님의 주권적 선하심에 대한 확신이라고 부르는 것이며, 조지 뮬러의 믿음과 사역의 뿌리였다.

주님 안에서의 행복, 자기부정

뮬러가 주장한 칼뱅주의와 기존의 그것 사이에는 상당한 차이가 있었다. 그에게 있어서 하나님의 주권적 선하심은 그 무엇보다 영혼의 만족을 위해서 필요했다. 그러면 만족하는 영혼은 자유롭게 헌신하면서 소박하고 위험하고 자기를 부정하고 사랑을 베푸는 삶을 살 수 있었다.

그렇지만 은혜롭고 주권을 가지신 하나님께 가장 먼저 만족했던 그 영혼에게서 모든 게 흘러나왔다. 뮬러는 이것에 대해서 내가 책으로 접했던 그 누구의 것보다 더 분명하다. 그는 거의 어린이처럼 간단히 말하면서도 부끄러워하지 않았다.

내가 보기에는 이것을 무엇보다 중요하게 간주해야 합니다. 즉, 그 무엇보다 여러분의 영혼이 주님 안에서 행복을 누리고 있다는 것입니다. 다른 일들이 부담이 되더라도, 주님의 사역이 급하게 관심을 요구하더라도, 나는 굳이 이렇게 거듭해서 말합니다.

"여러분이 무엇보다 여러분의 영혼이 진정으로 하나님 자신 안에서 행복하기 위해서 노력하는 게 가장 중요합니다!"

날마다 이것을 삶 속에서 가장 중요한 일로 삼기 위해서 애써야 합니다. 이것이 지난 5년과 30년 동안 나의 흔들림 없는 조건이었습니다.

회심을 하고 난 뒤에 나는 처음 4년 동안 그것이 그렇게 중요하다는 것을 알지 못했지만, 이제는 많은 경험 덕분에 나는 그리스도 안에 있는 젊은 형제와 자매에게 이것에 대해서 관심을 품기를 특별히 권합니다.

진정으로 올바른 예배의 비밀은 하나님 안에서 즐거움을 누리면서 하나님과 직접 경험을 통해서 알게 되고 교제하는 것입니다.[31]

어째서 이것이 '가장 중요하다'는 것일까? 어째서 하나님

---

31 같은 책, 2:730-731.

안에서 매일 행복을 누리는 게 가장 중요할까? 퓰러가 제시한 한 가지 대답은 그것이 하나님을 영화롭게 하기 때문이다. 생명이 꺼져 가는 아내의 질병을 거론하면서 그는 이렇게 말한다.

> 나는… 이 상황을 소상하게 설명했습니다. 하나님의 뜻에 만족하는 게 중요하다는 것을 보여주기 위함이었습니다. 그것은 그분을 영화롭게 하기 위해서일 뿐 아니라 궁극적으로는 우리의 바람을 채우는 가장 좋은 방법이기 때둔입니다.[32]

하나님께 만족하는 것은 중요하다. 그것을 통해서 하나님이 영광을 받으시기 때문이다. 그것은 하나님이 영광스럽게 만족하고 있다는 것을 증명한다.

그런데 또 다른 대답이 있다. 하나님 안에서 행복을 누리는 게 영원히 하나님을 높이는 자기부정과 희생, 사랑의 유일한 원천이라는 것이다. 퓰러는 생활방식의 변화와 소박함을 거론하면서 이렇게 설명한다.

---

32 같은 책, 2:406.

우리는 올바른 방식으로 일을 시작해야 합니다. 즉, 올바른 마음가짐으로 목표를 정해야 합니다. 외부가 아니라 내부에서 시작해야 합니다. 그렇지 않으면 오래 지속할 수 없습니다. 우리는 뒤돌아보거나, 혹은 전보다 더 심각한 상황에 처할 수 있습니다. 그렇지만 하나님 안에서 누리는 즐거움이 어떤 식으로든지 자기를 부정하는 행동을 하게 만들면 얼마나 달라질지 알지 못합니다. 그러면 우리는 정말 즐겁게 그렇게 할 것입니다![33]

기꺼운 자기부정은 뮬러가 칼뱅주의의 영향을 받았음을 시사한다. 그것이 어떻게 가능할까? 뮬러는 이렇게 대답한다.

자기부정은 가난하게 사는 게 아니라 나중으로 연기하는 것입니다. 우리는 앞으로 있을 훨씬 더 좋은 것을 위해서 지금 좋은 것을 포기하는 것입니다.[34]

따라서 하나님 안에서 행복을 누리는 게 무엇보다 중요하

---

33 같은 책, 1:355.
34 아더 피어슨, 「브리스톨의 조지 뮬러」, 374.

다. 희생하고 위험을 감수하는 것이 사랑의 핵심이기 때문이다.

포기하거나 자기를 부정하거나, 혹은 세상에 대해서 죽는 과정에서…빚어지는 모든 일은 우리가 하나님 안에서 누리는 즐거움에서 비롯된 것이어야 합니다.[35]

어느 부유한 여성이 언젠가 성경지식연구원에 필요한 것을 제공할 수 있는지 알아보러 방문한 적이 있었다. 뮬러는 그녀에게 돈을 부탁하지 않았다. 그런데 그녀가 돌아가고 나자 그는 하나님께 필요한 돈 때문에 기도했다. 그가 사용한 방법은 인간의 마음이 작동하는 방식을 그가 파악했다는 것을 보여준다.

그녀가 돌아가고 난 뒤에 나는 주님께 간구했습니다. 이 사랑스런 자매가 주님 안에서 큰 기쁨을 누리고, 그녀로 하여금 주 예수 안에서의 진정한 부와 상속, 그리고 그리스도의 사랑에 붙

---

35 조지 뮬러, 「일화」, 1:355.

들려서 하늘나라의 소명을 제대로 깨닫고 5백 파운드를 주님의 발 앞에 기꺼이 내려놓을 수 있게 해달라는 내용이었습니다.[36]

행복을 누리는 비결

하나님 안에서 누리는 행복은 거기서 하나님을 영화롭게 하는 희생적 사랑이 솟아나기 때문에 '그것을 어떻게 누리고 지속할 수 있는가?'라는 중요한 질문이 등장한다.

우리는 이 행복한 상태에 어떻게 도달할 수 있을까요? 하나님을 누리는 법을 어떻게 배울 수 있을까요? 이 세상의 것들을 쓸모없고 무익한 것으로 포기하게 만들 정도로 만족스런 영혼의 상태에 어떻게 도달할까요?

내 대답은 이렇습니다. 이 행복은 성경을 공부함으로써 가능합니다. 하나님은 우리가 예수 그리스도를 마주하도록 그 안에

---

36 같은 책, 1:326.

자신을 계시하셨습니다.[37]

하나님 안에서 누리는 행복은 성경을 통해서 예수 그리스도를 마주하도록 계시된 하나님을 바라볼 때 가능하다.

말씀을 통해서… 우리는 하나님의 성품과 친숙해지게 됩니다. 우리의 두 눈은 사랑스런 하나님이 어떤 분이신지 볼 수 있도록 놀랍게 열리게 됩니다. 그러면 이 선하고, 자비롭고, 사랑스런 하늘 아버지는 일평생, 그리고 영원토록 우리의 분깃이 됩니다.[38]

하나님을 앎이 하나님 안에서 행복을 누리는 비결이다.

우리가 하나님을 알면 알수록 우리는 그만큼 더 행복해집니다… 우리가 하나님을 조금 알게 되면… 우리의 진정한 행복이… 진정으로 행복해집니다. 하늘나라에서 그토록 엄청난 행

---

37 같은 책, 2:731.
38 같은 책, 2:732.

복을 누리게 만드는 것은 무엇일까요? 하나님에 대한 더욱 확실한 지식일 것입니다.[39]

그러므로 하나님 안에서 즐거움을 누리는데 무엇보다 중요한 도구는 우리가 그리스도 안에서 거의 확실하게 하나님을 볼 수 있는 성경으로 뛰어드는 것이다. 71세가 된 뮬러는 젊은 그리스도인들을 상대로 이렇게 말했다.

나는 형제의 사랑으로 젊은 동료 그리스도인들에게 영적인 즐거움을 유지할 수 있는 방법을 잠시 소개하고자 합니다. 주님 안에서 행복을 유지하려면 성경을 정기적으로 읽는 것이 무엇보다 절실합니다. 성경은 속사람에게 양식을 공급하도록 하나님이 지정하신 방법입니다 … 살펴보고, 그리고 묵상하십시오 … 특별히 우리는 성경을 계속해서 정기적으로 읽어야 하고, 여기저기서 조금씩 읽으면 안 됩니다.[40]

---

39 같은 책, 2:740.
40 같은 책, 2:834.

뮬러는 그 당시 71세였지만, 이후 21년을 더 살면서 계속해서 성경을 읽었다. 그렇지만 그는 하나님께 만족하는 자신의 전략을 결코 변경하지 않았다. 그가 76세였을 때 60세에 했던 일을 그대로 반복했다고 기록했다.

내가 매일 관심을 가져야 할 가장 중요한 일이 내 영혼이 주님 안에서 즐거워하는 것이라는 사실을 더 확실하게 알고 있었습니다.[41]

그리고 방법 역시 달라지지 않았다.

나는 하나님의 말씀을 읽고 그것을 묵상하는데 힘쓰는 것이 내가 해야 할 가장 중요한 일이라는 것을 알고 있습니다 … 속사람의 양식은 무엇입니까? 기도가 아니라 하나님의 말씀입니다. 하나님의 말씀을 그냥 읽어서는 안 됩니다. 하나님의 말씀을 그저 읽기만 하는 것은 물이 수도관을 통과하듯이 우리의 마음을 지나칠 뿐입니다. 우리가 읽는 것을 자세히 살피고, 숙고

---

41 같은 책, 1:271.

하고, 우리의 마음에 그것을 적용해야 합니다.[42]

이 때문에 뮬러가 아내 메리의 죽음에도 불구하고 평안한 영혼을 유지하던 것을 다시 돌아보게 된다. 그가 말한 것을 떠올릴 필요가 있다.

평안을 되찾았습니다. 하나님께 만족하기 때문입니다. 예전부터 말했듯이 이 모두 하나님의 말씀을 그대로 받아들이고, 그분의 말씀을 믿기에 가능합니다.[43]

뮬러의 삶은 사람들이 하나님의 말씀을 받아들이도록 도움으로써 하나님을 영화롭게 만드는 것이었다. 그 목적을 위해서 그는 하나님의 말씀으로 자신의 영혼을 적셨다. 언젠가 그는 다른 책보다 성경을 다섯 배, 혹은 열 배를 더 읽는다고 말했다.

그의 목적은 하나님 안에서 자신의 영혼이 행복을 누릴

---

42 같은 책, 1:272-273.
43 같은 책, 2:745.

수 있도록 십자가에 달려서 죽었다가 부활하신 예수 그리스도 안에서 하나님을 바라보는 것이었다.

조지 뮬러는 하나님에 대한 이런 철저한 만족을 통해서 세상에 대한 두려움과 욕망을 벗어났다. 이런 사랑의 자유를 활용해서 하나님의 실체와 신뢰와 아름다움을 입증하는 사역의 전략과 생활방식을 선택했다. 그의 표현을 빌자면, 그의 삶은 '주님의 불변하는 신실함을 보여주는 증거'가 되었다.[44]

뮬러는 하나님이 인간의 마음을 주관하고 기도에 응답하려고 마음먹은 순간에 그것을 돌려놓을 수 있다는 커다란 확신을 통해서 특별한 삶을 지속했다.

하나님은 선하게 주권을 행사하시고 의로운 이들에게는 불행한 일이 닥치지 않게 하신다는 것도 역시 그의 믿음이었다. 그는 아내가 심각한 병을 앓고 있을 때 이런 찬송을 통해서 계속 힘을 얻었다.

주가 허락하시는 더할 수 없는 축복

---

44 같은 책, 1:105.

우리에게는 늘 좋은 일 뿐이고

주님이 우리를 안전히 영광으로 인도하시니

이 얼마나 사랑스러운지요![45]

뮬러의 조언과 호소

나는 철저할 뿐 아니라 기꺼운 믿음의 길에 우리가 뮬러와 동행하도록 그의 조언과 호소로 글을 맺고자 한다.

사랑하는 그리스도인들이여, 이 길을 가지 않을 겁니까?

모든 염려와 짐과 필요를 하나님께 맡기는 이런 소중하고 행복한 길을…알지 못합니까?

이 길은 나처럼 여러분에게도 열려 있습니다 … 누구나 주님을 신뢰하고, 마음을 다해서 그분을 신뢰하고, 그분에게 짐을 내려놓고, 곤고한 날에 그분을 부르도록 초대와 명령을 받았습니다.

---

45 같은 책, 2:399.

그리스도 안에 있는 형제들이여, 이렇게 하지 않을 겁니까?

그러기를 진정으로 바랍니다. 여러분이 어려움과 필요에 둘러싸여 있더라도 여전히 평안을 유지하는 즐거운 마음을 유지할 수 있으면 좋겠습니다. 살아계신 하나님, 하늘 아버지가 여러분을 돌보신다는 것을 여러분이 알고 있기 때문입니다.[46]

---

46 같은 책, 1:521.

ECHOBOOK 5 먼저 기도하라

ⓒ 유재덕

초판 1쇄 인쇄 | 2016년 11월 10일
초판 6쇄 발행 | 2023년 07월 14일

지은이 | 조지 뮬러
옮긴이 | 유재덕
발행인 | 강영란
기획편집 | 권지연
디자인 | Papertiger
마케팅 및 경영지원 | 이진호

펴낸곳 | 도서출판 샘솟는기쁨
주소 | 서울시 중구 수표로2길 9 예림빌딩 402호
전화 | 대표 (02)517-2045
팩스 | (02)517-5125
이메일 | atfeel@hanmail.net
출판등록 | 2012년 6월 18일

ISBN 978-89-98003-51-7(03230)

「이 도서의 국립중앙도서관 출판예정도서목록(CIP)은 서지정보유통지원시스템 홈페이지(http://seoji.nl.go.kr)와 국가자료공동목록시스템(http://www.nl.go.kr/kolisnet)에서 이용하실 수 있습니다. (CIP제어번호: CIP2016025641)」

* 책값은 뒤표지에 있습니다.
* 잘못 만들어진 책은 바꿔 드립니다.